中公文庫

戦略の不条理

変化の時代を生き抜くために

菊澤研宗

中央公論新社

目次

戦略の不条理

変化の時代を生き抜くために

文庫版のまえがき

本書は、二〇〇九年に出版された『戦略の不条理――なぜ合理的な行動は失敗するのか』（光文社新書）の文庫版です。『組織の不条理――日本軍の失敗に学ぶ』（中公文庫）、そして『命令の不条理――逆らう部下が組織を伸ばす』（中公文庫）に続く、いわゆる「不条理シリーズ」の第三冊目に位置する本です。

日本では、戦後、長く軍事に関する研究はタブーでした。ところが、このタブーを破って登場したのが、野中郁次郎先生を中心とする防衛大学校の教官たちによるベストセラー『失敗の本質――日本軍の組織論的研究』（中公文庫）です。これによって、軍事学と経営学とを結びつける新しい学問分野の扉が開かれました。野中先生が一橋大学に転出され、その後、縁があって防衛大学校で経営学を教えることになった私も、この分野に足を踏み入れることになりました。

ところで、本書の内容と関係するかのように、二〇二二年二月にウクライナとロシアとの間に戦争が勃発しました。いままでフィクションの世界だと思っていましたが、二国間の戦いから世界も二分化され、第三次世界大戦へと発展しかねない様相を呈しました。

当初、米国の戦争研究所の予想では、両者の物理的な軍事力の格差から二日間でロシア軍がウクライナを制圧するといわれていました。ところが、その後、半年以上もこの戦争は続いており、今日、むしろウクライナ軍の方が有利な情勢にあるようにも思えます。もちろん、最終的にどのような形で決着がつくのかはわかりません。

しかし、この戦争から学べることは多いと思います。つまり、物理的な軍事力だけでは、戦争には勝てないということです。この戦争は、物理的世界での戦いであるとともに、デジタル世界での戦いでもあり、さらに傭兵軍であるロシア軍と国民軍であるウクライナ軍との心理的な世界での戦いでもあります。したがって、この戦いは多元的様相をもった戦いだということです。

そして、このような戦いの多元的様相は実は戦争だけではなく、今日、ビジネスの世界の戦いでも起こっているのです。この多元的な戦い方について、詳しく説明しているのが、まさに本書なのです。本書は、一〇年以上も前に書いたものですが、むしろインターネットが拡大し、デジタル化が進展し、変化が常態化している現代の方が、よりその有効性や意義が増しているように思います。このような現状を反映し、副題も「変化の時代を生き抜くために」と変更しました。

最後に、本書をめぐって、読者のみなさんから経営学に関する事例がほとんどないという指摘を受けました。それゆえ、本書の文庫版のあとがきにいくつかの企業の事例を掲載しましたので、ぜひ参考にしていただきたいと思います。また、前著では、理論、知識、そして観念などの世界を「知性的世界」と呼んでいましたが、分かりづらいとの指摘がありましたので、本書では「知識的世界」に変更しました。この点について、ご了承いただけると、ありがたいです。

二〇二二年一〇月　三田山上にて

菊澤研宗

序　章

経営管理論から経営戦略論の時代へ

近年、日本ではビジネスの世界を中心に、軍事用語である「戦略」（Strategy）という言葉をよく耳にしたり見かけたりするようになりました。また、学問においても、現代の経営学の中心的対象は徐々に経営戦略論となりつつあります。なぜでしょうか。

戦後、長きにわたって日本企業に戦略的な悩みはほとんどありませんでした。米国から無償でたくさんの先端技術や最新知識を輸入することができ、それにもとづいてより安くよりコンパクトな製品をいかにして大量に生産するか、それだけがビジネス上の問題だったからです。したがって、日本企業に必要だったのは、より効率的に生産するための経営組織論や経営管理論だけでした。

しかし、そういった平和な時代は終わりました。もはや、米国はかつてのように無償で最先端の技術や最新の知識を提供してくれなくなりました。むしろ、日本企業の多くは平和な時代に米国から輸入した知識や技術を堂々と利用しているため、今日、日本企業が米国に進出する場合、かなりの確率で特許侵害訴訟を起こされるかもしれないという状況です。

他方、安くて品質の良いものを大量生産するという従来の日本企業の優位性も薄れてきました。というのも、今日、アジア諸国では安価な労働力を利用して日本企業以上に安くて品質の優れた製品を製造する企業がたくさん出現してきているからです。その勢いに、日本企業はとうてい太刀打《たちう》ちできません。

このように前を向いても後ろを見ても壁が立ちはだかっているような閉塞《へいそく》状況で、日本の組織や企業はどのようにして生き抜いていくのか……。もはや「戦略」や「戦術」、「作戦」という軍事の概念を避けて通ることはできない時代になっているのです。

軍事戦略と経営戦略は異なるのか

こうした時代であるにもかかわらず、いまだ経営戦略は軍事戦略とは根本的に異なるとして、戦略論の本家である軍事から学ぶことはないと頑《かたく》なに思っている人は意外に多いように思います。

彼らはたいてい、軍事戦略ではプレイヤーが自軍と敵軍の二者であるのに対して、経営戦略ではプレイヤーが自社と敵対的企業と顧客の三者になるから、根本的に考え方が異なるのだと言います。

しかし、実際にはそうではありません。軍事戦略も実はプレイヤーは三者なのです。すでに敵が占領している地域を奪い取って統治しようとする場合、プレイヤー１としての自軍の軍隊はプレイヤー２としての敵の軍隊をまず排除し、その後いかにしてプレイヤー３としての地域住民の支持を得て占領統治できるかが問題となるのです。

さらに近年、現実の企業間における競争自体が戦争状態と非常によく似た様相を呈しはじめています。たとえば、少し前の事例ですが、家庭用ビデオをめぐるソニーのベータ陣営とビクターのＶＨＳ陣営との戦いは、戦史に登場する戦闘のようにソニーはビクター陣営に包囲殲滅《せんめつ》されるかたちで敗北しました。また、ゲーム業界では、今度は逆にソニー・コンピュータエンタテインメントがサードパーティとしてのソフト会社を果敢に取り込み、任天堂に逆転勝利しました。

そして現在、インターネットが発展して、資本が国際化し、規制緩和が進んだために、日本ではこれまで見られなかった企業の敵対的買収が行われはじめています。特に、乗っ取りのために展開される株式の公開買い付けとその買収のターゲットになった企業との攻防は、かつての世界大戦の攻防に非常によく似ています。

したがって、軍事の世界はいまや現代の企業にとって「マネジメント」や「リーダーシップ」をはじめとする経営戦略に生きる教訓の宝庫だと言えます。不要な偏見は捨てて、日本の企業人もマネジメントや戦略に関する知識や教訓を軍事から積極的に学ぶ時代が来ていると思います。

戦略とは

ところで、世界で最初に戦略の概念を使用したのは『孫子』（前五世紀半ば〜前四世紀半ば）だと言われています。そして、ヨーロッパでは、クセノフォン（前四三〇頃〜前三五四頃）が軍隊の指揮を意味する「STRATEGOS」、「STRATEGIA」という言葉を用い、これが「戦略（Strategy）」の語源になったと言われています。

では今日、「戦略」という言葉はどのように使用されているのでしょうか。産業界では、企業が生き残りを賭けて市場のシェアを獲得する策略・方法のことを意味します。さらに、ゲーム理論では相討ちをも視野に入れた相手の動きに対するこちら側の最適な適応行動（ナッシュ均衡行動）のことであり、組織論の世界では変化する環境への柔軟な組織的適応のことを言います。

このように現在、「戦略」という言葉は様々な分野で多様に使用されていますが、その本質はみな同じです。それは、生物学あるいは進化論に通じる生存のための積極的あるいは消極的方法であり、生き残るための知恵、生存するためのアート（技法）のことです。

組織が生き残るためには、ひたすら誠実にがんばるとか、ただがむしゃらに突き進むというのでは十分ではありません。われわれはいまどのような世界に生きているのか、どのような世界の中に置かれているのかなどについて、自らを取り巻く世界に関する深い洞察が必要となります。そして、そのような洞察にもとづき、試行錯誤を通して絶えず世界に適応しようとする努力が必要なのです。

戦略思想の流れ

歴史的に展開されてきた戦略思想を眺めてみると、物理的世界観のもとに、軍事の世界で強者の戦略論を展開したのは、名著『戦争論』で有名なカール・フォン・クラウゼヴィッツ（一七八〇〜一八三一）です。

彼は、世の中で最も実在性のあるのは物理的・肉体的世界であり、それゆえそのような世界と関連しないどんなものも実在しないし、存在感もないといった世界観のもとに、敵の物理的・肉体的世界を徹底的に攻撃すれば、敵の心も折れてしまうと考えていました。それゆえ、暴力によって敵の物理的・肉体的世界を徹底的に攻撃することが、最も効果的な戦いの手段であると捉えていたのです。

しかし、このような物理的・肉体的な暴力だけでは決して敵に勝つことはできないと考えたのが、英国の軍事戦略家バジル・ヘンリー・リデルハート（一八九五～一九七〇）でした。彼は、物理的・肉体的世界とは別に、人間の心理的世界もまた自律的に存在していることに注目し、物理的世界と心理的世界の二元的世界観のもとに新しい軍事戦略を展開しました。彼は、物理的な攻撃は心理的な憎しみを増幅し、憎悪の連鎖を生み出すだけだと考えたのです。

そして、リデルハートは、物理的世界だけを前提にして展開されているクラウゼヴィッツ流の戦略を「直接アプローチ」と呼び、人間の心理的世界の実在性を前提にして展開される戦略のことを「間接アプローチ」と呼んで両者を区別し、何よりも後者の重要性を指摘しました。しかも、これら直接アプローチと間接アプローチを体系的に構成するより高次の戦略を、「グランド・ストラテジー（大戦略）」と呼んで、われわれに新しい戦略思想を示してみせました。

さらに、このような物理的世界と心理的世界への戦略的アプローチだけでは敵に勝てない可能性があることを示したのは、科学哲学者カール・ライムント・ポパー（一九〇二～九四）です。彼は、科学的知識を発見する方法や、科学的説明の構造を研究する過程で、人間の五感ではなく、人間の知性によって把握されうる知識や理論といった新しい世界が自律的に存在していることを発見しました。そして、彼は物理的世界を「世界1」、心理的世界を「世界2」、そして知識的世界を「世界3」と呼びました。特に、知識的世界は知性を持つ誰もがアクセスできるという意味で、客観的世界であると主張しました。

本書の目的

本書の目的は、このポパーによって展開された物理的世界、心理的世界、知識的世界からなる新しい三次元的な世界観にもとづいて、組織が生き残るためにはこれら三つの世界に対応した三つの戦略的アプローチを体系的に展開し、試行錯誤を通して絶えず環境に適応しようとする努力が必要であることを説明することです。そして、これら三つの戦略を体系的に構成するより高次の立体的戦略、つまり「キュービック・グランド・ストラテジー」こそが、これからの組織における戦略思想であることを読者に伝えることです。

したがって、本書を通して、物理的世界だけを対象とするクラウゼヴィッツ流の一元的戦略だけでは、もはや現代のビジネス界では勝ち抜けないことを理解していただけるのではないかと思います。たとえば、安くて性能の良い製品を作り、それをユーザーに直接的にアピールしてもなぜ売れないのか、そういった「戦略の不条理」に悩まされている組織のリーダーやメンバーに対して、本書は多くの示唆を与えることができるのではないかと思います。

本書の構成

以上の目的を達成するために、本書では、以下のような流れで議論を展開してみたいと思います。

まず、第1章では『孫子』の兵法について簡単に紹介します。そして、その兵法を読んでショックを受けた評論家・山本七平（一九二一～九一）の旧日本軍への疑念について解き明かしてみたいと思います。彼は、物理的世界や人間の動物的本質をしっかり見つめて自然なかたちで戦略論を展開している『孫子』の兵法と比べて、それらを無視してまったく空虚な精神論や観念論にもとづいて不自然な戦略を日本の兵士に強要した旧日本軍の戦略思想を振り返り、なぜそのような愚かな戦略を立てたのかという疑問を抱きました。しかし、それは、彼が『孫子』を解釈する際に、物理的世界のみに固執してしまい、心理的世界や知識的世界の存在を否定してしまった結果なのです。

次に、第2章では、この山本七平の疑念に対して、私は太平洋戦争における旧日本軍の戦略思想が必ずしも空虚で愚かなものではなかったことを説明してみたいと思います。そのために、われわれ人間を取り巻く世界が、実は物理的世界、心理的世界、知識的世界といった三つの世界から構成されていることを明らかにしたいと思います。とくに、その多元的世界観の主張者である科学哲学者K・R・ポパーの実在論を参考にして、このことを説明してみたいと思います。

たしかに、観念、知識、理論、権利などは手で触ることも目で見ることもできないのですが、現代ではそれがビジネスの対象として非常に関心が高まっており、その存在感もまた増しています。それゆえ、今後、これら三つの世界を対象とする新しい多元的戦略論、つまり「戦略のキュビズム」と呼びうるような立体的な戦略的思考を展開しないと、「戦略の不条理」に陥ることになります。

ここで、「戦略の不条理」とは、特定の世界ではきわめて適合的で合理的な行動をしているのですが、別の世界ではまったく不適合となっているために淘汰されてしまう「合理的不適合」と呼びうる不条理な現象のことを言います。

続く第3章では、これら三つの世界のうち、まず目に見える物理的世界の実在性だけを強く信じ、この世界を果敢に攻め立てることに力点を置いて直接アプローチ戦略の重要性を主張したのが軍事戦略の代表者クラウゼヴィッツであり、この直接アプローチ戦略思想を経営学の分野に持ち込んだのが、新古典派経済学にもとづくマイケル・ポーター以降の一連の経営戦略論であることを明らかにしてみたいと思います。

しかし、このような一元的世界観にもとづく戦略論では、心理的世界や知識的世界で変化が起こったとき、その変化に対応できず、組織は淘汰されてしまう可能性があります。また、逆に物理的世界の一元論的戦略によって、たとえ物理的世界で変化を起こし得たとしても心理的世界や知識的世界が変化しない場合、結局、何の効果や変化も生み出さないという「戦略の不条理」に陥る可能性があることも論証してみたいと思います。

第4章では、物理的世界だけではなく、心理的世界の実在性も認識し、そのような心身二元論的な世界を前提として新しい軍事戦略論を展開してみせたリデルハートの戦略論を説明してみたいと思います。彼は、暴力で攻撃すればするほど逆に敵は復讐心を燃やすので、戦いは終わらないと考えました。このような彼の二元論的な戦略論を紹介してみたいと思います。

同様に、経済学の分野でも今日、カーネマン、トヴェルスキー、セイラー等によって行動経済学の名のもとに物理的世界だけでなく、人間の心理的世界を対象とする研究が展開されていることを紹介します。彼らの研究によっても、「戦略の不条理」現象を説明することができます。

しかし、このような二元論的な戦略的アプローチでも、なお現代を生き抜くには十分だとは言えません。というのも、第3の世界である知識的世界で変化が起こったとき、この二元論的アプローチではその変化に対応できず、淘汰されてしまう可能性が高いからです。

そこで、第5章では、物理的世界、心理的世界とは別に、さらに知識、理論、観念などの人間の知性によって把握されうるもうひとつの世界が存在し、その知識的世界へのアプローチの重要性について説明します。

特に、軍事の世界でこの知識的世界へのアプローチにこだわった人物として、ドイツの天才将軍エルヴィン・ロンメル（一八九一～一九四四）を紹介してみたいと思います。彼は新しい知識的世界の実在を認識し、こうした世界へのアプローチを積極的に試みました。

同様に、経営学の分野でもこのような知識的世界の存在に注目し、特に知識的世界の住人の一人として見えないコスト、すなわち「取引コスト」が存在していることを発見した人物がいます。ノーベル経済学賞を受賞したロナルド・コース（一九一〇～二〇一三）、そしてオリバー・E・ウィリアムソン（一九三二～二〇二〇）たちです。彼らによって展開された取引コスト理論にもとづく経営戦略論についても簡単に紹介してみたいと思います。

以上のような議論を踏まえて、第6章では、合理的に行動してきたにもかかわらず「戦略の不条理」に悩まされてきた人たちに、何らかの光となるアイデアを提供したいと思います。

戦略の不条理を回避するためには、物理的世界、心理的世界、そして知識的世界といった三つの実在世界を強く意識し、それぞれの世界に対応する三つの戦略を体系的に展開し、試行錯誤を通して絶えず環境に適応していくキュービック・グランド・ストラテジー（立体的大戦略）が必要となります。そして、そのために戦略のキュビズムとも言うべき戦略の哲学が必要になるのです。とくに、その具体的な事例として軍事の天才ハンニバル（前二四七～前一八三）の戦い方やナポレオン（一七六九～一八二一）の戦い方、そして『孫子』の兵法を改めて考察し、そこからキュービック・グランド・ストラテジーの基本原理を抽出してみたいと思います。

最後に、第7章では、この立体的大戦略、つまりキュービック・グランド・ストラテジーの基本原理についてより詳細に、そしてより深く説明しようと思います。この立体的戦略の哲学こそ、今後、精神主義的伝統を持つ日本企業が受け継ぐべき、より洗練された戦略思想であることを明らかにしたいと思います。

本書を通して、このキュービック・グランド・ストラテジーや戦略のキュビズムの意義を読者のみなさんにお伝えすることができれば幸いです。

第1章　旧陸軍将校・山本七平と『孫子』の思想

（1）旧日本軍は戦略的に誤っていたのか

山本七平の驚き

太平洋戦争中、陸軍の青年将校として戦った山本七平は戦後『孫子』を読み、脳天を叩かれた思いがしたと、著書『「孫子」の読み方』で述べています。それはどういう意味だったのでしょうか。

彼はその理由として、『孫子』の兵法が、太平洋戦争中に旧日本軍が戦勝の必須要件としていた「愛国心」にも「滅私奉公」にも「必勝の信念」にも触れていない点を挙げています。しかし、もっと驚いたのは、『孫子』では、部下に対して超人的な自発的努力や精神力の発揮や並外れた勤勉ささえ要求していないし、あてにもしていないところでした。

『孫子』では、まったくの自然体で戦いに臨むことだと主張しているというのです。

このように『孫子』を解釈して、山本七平は青年将校としてかつて体験した旧日本軍のやり方に対して強い疑問を抱きました。日本軍は自然に反して、兵士に無理ばかりを強《し》いていたというわけです。

不自然な旧日本軍の戦い方

『孫子』の兵法では、人間が動物である以上、兵隊が本能的に生を欲するのはあたりまえのことであり、敵が来なくても食糧がなくなれば、兵隊は自然に食糧のある方へ逃亡してしまうものだとしています。同様に、『孫子』の兵法では、強い敵が来たら兵隊は本能的に逃げるものだとも言っています。

こういった様々なことを当然のこととして、これは味方にとっても敵にとっても言えるのだということを前提に、その自然な人間の本能を利用して展開されているのが孫子の兵法だと山本七平は言うのです。

そして、このような『孫子』の兵法に照らしてみると、彼が将校として経験した旧陸軍の戦いぶりはあまりにも異常だったというわけです。というのも、旧陸軍はまったくその逆のことをしていたからです。それは、動物としての人間の本質をまったく無視した戦い方だったというのです。

旧陸軍は、強い敵がくれば、「必勝の信念」で迎え撃ち、食糧がなければ、「泥水をすすり、草を食《は》み」といった精神力で耐える。それを当然として自らに課し、部下に対してもそれを強要していたというのです。

これを『孫子』の兵法に照らしてみると、旧日本軍の行動は完全に間違っていたというわけです。旧日本軍は現実世界に目を向けることなく、実際には存在しない空虚な幻想や観念や精神にもとづいて、まったくおろかな戦い方をしていたというのです。

さて今日、多くの人たちは、このような山本七平の旧日本軍批判に納得するのではないでしょうか。そして、旧日本軍の愚かさを嘆き、全面的に否定するのではないかと思います。そして、二度とあのような悲惨な戦争を起こさないように、当時の旧日本軍の不自然で空虚な観念論的体質を徹底的に否定するのだと思います。幻想に従って行動し、また幻想を部下に強要した旧日本軍を愚かだと言うでしょう。そして、二度とあのような空虚な観念や幻想を抱いてはいけないのだというのが、戦後の多くの人々の意見だと思います。

観念も実在している

しかし、旧日本軍は本当に空虚な実体のない幻想や観念にとらわれて行動していたのでしょうか。それは全くナンセンスな行動だったのでしょうか。実は、私はそう思ってはいません。私は、食べ物や鉄の武器や弾丸と同じように、「観念」や「幻想」や「価値」も実体として存在していると考えるからです。

たしかに、観念や幻想や価値などというものは手で触れることもつかむことも、そして目で見ることもできません。しかし、それらはわれわれ人間が発明し発見した知識と同じく、それ自体が実在しているのです。そして、実はこのような観念や幻想や価値の実在について、『孫子』の兵法でも述べられているのです。

戦い上手な人は、敵の戦う精神が強いときには戦いを避け、士気が衰えたときに攻撃する。つまり、「その鋭気を避けてその惰帰《だき》を撃つ」。そして、敵を包囲したら逃げ道をつくり、窮地に追い込んだ敵はその気力が強いので、これを攻撃してはならないということ、つまり『孫子』の言葉を借りると「囲師《いし》には必ず闕《か》き、窮寇《きゅうこう》には迫ることなかれ」ということです。

要するに、山本七平は孫子を読むに当たって、旧日本軍の精神主義を忌み嫌うあまり、人間の動物的欲求という物理的世界の観点のみから理解し、『孫子』にみられる「精神」、「観念」、「価値」の重要性を見落としてしまったのです。

では、『孫子』の兵法とはいったいどのようなものだったのでしょうか。ここで、本当の姿を簡単に整理したいと思います。今日、『孫子』の兵法に関する解説書はたくさん出版されています。しかし、私の知るところでは、それを本当にやさしくかつ簡潔にまとめたものはほとんど見当たりません。その『孫子』の兵法を、マネジメントに関連したかたちで大胆に要約すると、以下のような内容になると思います。

（2）『孫子』の本質

作者は孫武

『孫子』とは、武経七書のひとつに数えられている兵法書です。著者についてはいろいろと議論されてきましたが、現在では孫武《そんぶ》という中国の春秋時代の思想家ではないかと言われています。『孫子』は、孫武がいったん書き上げた後、後継者たちによって徐々に内容が書き加えられていったために肥大化し、その後、曹操《そうそう》によって整理され、現行のかたちになったとされています。

孫武は当時、新興国であった呉《ご》に仕え、その勢力拡大におおいに貢献した人物であると言われています。そのため、『孫子』の兵法は、前五世紀中頃～前四世紀中頃あたりに著されたのではないかと推測されています。

では、『孫子』の著者である孫武とはどのような人物だったのでしょうか。孫武に関する逸話《いつわ》は、現在ひとつしかありません。それは、前漢の司馬遷《しばせん》が著した『史記』に次のように記されています。

孫武の出身地は斉《せい》の国であるとされています。長じて兵法に優れているという噂が広まり、彼は呉の国王から招聘《しょうへい》されます。呉の国王は孫武に会うと、実際に兵士を訓練して、その腕前を見せてほしいと要請しました。しかも、その訓練の対象は女たちだけでも可能かとたずねます。この要請に、孫武は快く応えます。

そこで、国王は宮中の美女一八〇人を庭に集めました。孫武は、彼女たちを二つの部隊に分けて、国王からとくに寵愛《ちょうあい》を受けている二人の女をそれぞれの部隊の隊長にして、全員に矛《ほこ》を持たせました。

孫武は、号令とそれに対応した動作を教え、斧《おの》などの刑罰具をその場に並べて、号令を繰り返し五回にわたって言い渡しました。それから、太鼓を打ち鳴らして右を向くように号令を出しました。しかし、女たちは笑って真面目に行動しようとはしませんでした。そこで、孫武は「号令が分かりにくく、私の説明が不十分であったとすれば、それは私の罪である」と言って、改めて五回にわたって号令の意味を説明し、その上でもう一度太鼓を打ち鳴らして左を向くように号令を発しました。

しかし、女たちは再び笑って行動しませんでした。そこで、孫武は「号令が分かりにくく、説明が不十分であったとすれば、それは私の罪である。しかし、号令が明確なのにそれが守られないのは隊長の責任である」とし、刑吏《けいり》を呼んで、国王が寵愛する二人の女の首を刎《は》ねようとしました。

そのとき、台の上から訓練の様子を見ていた国王が急いで使いをやり、二人の女のために命乞いをしました。しかし、孫武は「将たる者、軍にあっては、君命も受けぬ場合があります」と言って、二人の女を打ち首にして、その首を女たちに見せて回りました。

こうして、新たに二人の女を隊長として選んで訓練を再開したところ、今度は女たちは孫武の号令に合わせて一糸乱れぬ行動をとるようになりました。この様子を見ていた国王は、孫武の才能を確信し、彼を取り立てることを決定しました。こうして、新興の呉は強国となっていったといいます。

『孫子』の構成

さて、『孫子』の兵法の内容は、以下の一三篇からなっています。ただし、底本の違いによって順番やタイトルが異なっているものもあります。

計　篇——この部分は序論であり、戦争を決断する前に考慮しておくべき事柄について説明しています。戦争は国家の重大事であり、慎重に情勢判断を行って決断する必要があり、事前に情勢を分析すれば、事前に勝敗は分かるということを述べています。

作戦篇―ここでは、戦争の準備計画について説明しています。特に、経済的負担をかけないために、短期決戦が有効だと主張しています。

謀攻《ぼうこう》篇―ここでは、『孫子』の最も有名な文句、すなわち百戦百勝は最高の勝ち方ではなく、戦うことなくして勝利する方法が最上の方法であることが述べられています。

形《けい》　篇―ここでは、攻撃と守備のそれぞれの不敗態勢について説明し、敵が隙《すき》を見せたところを討つ必要性について述べています。

勢《せい》　篇―ここでは、上述の態勢から生じる軍の勢いの重要性について説明しています。また、戦いでは正と奇を組み合わせた変幻自在の戦術が重要であることも述べています。

虚実篇―ここでは、戦争における主導権の重要性について説明しています。常に、主導権をもって敵の隙を攻めるのが戦いに勝つ方法だと述べています。

軍争篇―ここでは、敵軍の機先をいかに制するかについて説明しています。機動力で敵の機先を制して勝つことの重要性について述べています。

九変《きゅうへん》篇―ここでは、戦局の変化に対して、臨機応変に対応するための九つの方法について説明しています。固定観念にとらわれずに、地形や状況に応じて柔軟に戦うことの重要性について述べています。

行軍篇―ここでは、軍を進める上での注意事項について説明しています。敵情や地形をよく分析し、味方が有利で敵が不利な状態で戦う必要性について述べています。

地形篇―ここでは、地形によって戦術を変更することの必要性について説明しています。地形をうまく使えば大きな力になるということです。

九地《きゅうち》篇―ここでは、九種類の地勢について説明し、それに応じた戦術について説明しています。

用間《ようかん》篇―ここでは、スパイや敵情偵察の重要性について説明しています。情報なくして戦略は成り立たないこと、情報の収集が将軍の最大の務めのひとつだということです。

火攻《かこう》篇―ここでは、火攻め戦術について説明しています。火攻めは、目標によって違ったやり方があることを述べています。

『孫子』の戦略論

私の考えでは、以上のような背景と構成からなる『孫子』の兵法の最高原理のひとつは、やはり「百戦百勝は善の善なるものにあらざるなり。戦わずして人の兵を屈するは善の善なるものなり」だと思います。

これは、一〇〇回戦って一〇〇回勝利することが必ずしも最高の行動ではないということです。たくさんの資金や資源や人命を失うような戦争をせずに相手を屈服させることができるならば、それこそが最高だという原理です。

これはとても素晴らしい原理です。これを別の言葉で言うと、最高の戦い方とは相手の意図を事前に見破って事前に戦い自体を封じてしまうような戦い方だということです。『孫子』の言葉で言えば、「上兵《じょうへい》は謀《ぼう》を伐《う》つ」です。

しかし、どうしても敵と直接戦わざるを得なくなった場合にはどうしたらいいのでしょうか。この場合、『孫子』の兵法の原理では「彼を知り己を知らば百戦殆《あや》うからず」というものになります。相手のことを十分知り、自分のことも十分知って戦えば、決して負けることはないというわけです。

とくに、『孫子』の兵法では、相手を知り自分のことも十分に知った上で戦いの主導権

図表1

<table>
<tr><th colspan="2">『孫子』の戦略論</th></tr>
<tr><td colspan="2">百回戦って百回勝利することが最高の行動ではない。戦わないで勝つことが最善である</td></tr>
<tr><th>戦わずして勝つ</th><th>戦って勝つ</th></tr>
<tr><td rowspan="3">事前に相手の意図を見破って戦い自体を封じてしまうこと</td><td>敵のことを知り、自軍のことを知れば、負けることはない</td></tr>
<tr><td>敵のことを知らず、自軍のことだけを知っているならば、勝負はいつも五分五分である</td></tr>
<tr><td>敵のことを知らず、自軍のことも知らなければ、常に負ける危険に晒される</td></tr>
</table>

を握り、相手の意図に乗らず、相手をこちらの意図に従わせることが重要だと説いています。『孫子』の言葉で言えば、「善《よ》く戦う者は、人を致《いた》して人に致されず」ということです。

さらに、敵を欺《あざむ》き、常に敵より先に戦場に行く必要があるとも言っています。そして、不敗の態勢を整えて、好機を待つ。「まず、勝つべからざるをなして、もって敵の勝つべきを待つ」つまり、まずこちら側の守りを固めて簡単に負けない態勢を整え、敵軍が弱点を現すまで待ち、そこで自軍が攻撃すれば必ず勝てるというわけです。

また、『孫子』では、戦いの勝敗は事前に分かっているものだとも言っています。そのためには、あらかじめ徹底した情報収集をしておく必要があり、その費用を惜しんではならないと注意しています。情報は敵よりも早く多く収集する必要があり、そのために、スパイ活動は非常に重要だとしています。

以上のような冷静で柔軟な生き残りのための考え方が、『孫子』の戦略思想なのです。

『孫子』の戦術論

こうした基本的な戦略思想にもとづいて、戦わざるを得ない場合、具体的にどのようにすればいいのでしょうか。

『孫子』によると、最初から型にはめないで、常に自然体で対応すべきだというのが基本的な考えです。軍隊は、その時々の状況に応じて臨機応変に対応することになるので、『孫子』では勝利のかたちに同じものは二つとないとしています。軍隊は常に水のように、敵陣の形状に対応して千変万化すべきである、つまり「それ兵の形は水に象《かたど》る」ということです。

同じことを、『孫子』では次のようにも表現しています。すなわち、状況に応じてときには風のように速く、ときには林のように静かに好機を待ち、ときには火のように攻め、ときには山のようにどっしりと動かないように対応する。この「疾《はや》きこと風の如く、その徐《しず》かなること林の如く、侵掠《しんりやく》すること火の如く、動かざること山の如く」という件《くだり》は、武田信玄が軍旗に記した「風林火山」に受け継がれています。

そして、『孫子』の兵法では、自軍の兵力と敵の兵力に応じた戦い方が具体的に説かれており、それを「謀攻篇」では、以下のように述べています。

故に用兵の法、十（倍）なれば之《これ》を囲み、五（倍）なれば之を攻め、倍すれば二つに分かち、敵すれば（互角なら）之とよく戦い、少なければよく之から逃げる。しかざればよく之を避け、故に小敵の堅《けん》は大敵の擒《さん》なり。（カッコ内は筆者補足）

これを簡単に解説すると、以下のようになります。

①もしこちら側の兵力が敵の一〇倍であるならば、敵を包囲殲滅する。

②もしこちら側の兵力が敵の五倍であるならば、積極的に攻めて攻めまくる。

ただし、攻める場合には長期戦で成功した例は聞いたことがない、つまり「兵は拙速《せっそく》を聞くも、いまだ功の久しきを睹《み》ざるなり」なので、とにかくてっとり早く短期決戦で終わらせることが重要だとしています。

また、兵力についても、『孫子』の兵法では、物理的にあるいは絶対的な数という意味で敵軍の一〇倍や五倍ということを意味しているわけではありません。自軍が一体化し、相手を一〇や五つのグループに分割し、これを一つひとつ潰してゆけば、自軍の兵力は相手兵力の一〇倍や五倍になるということを意味しています。これは今日、「各個撃破」と呼ばれている戦法です。『孫子』の言葉で言えば、「我は専《あつ》まりて一となり、敵は分かれて十となれば、これ十を以てその一を攻めるなり」ということです。

③もし自軍が敵兵力の二倍であるならば、正面と背後の二方面から攻めるのが良い方法だとしています。

④そして、もし兵力が互角ならば、相手を油断させたり、敵の弱点を見つけて敵の不意を突く奇策も必要だと説いています。戦いとは基本的にだましあいであり、「兵は詭《き》道《どう》なり」と述べています。そして、敵と対峙《たいじ》するときには正規の作戦を展開し、敵に勝つためには奇襲作戦を展開する必要があると説きます。つまり、「およそ戦いは、正を以《もっ》て合《がっ》し、奇を以て勝つ」ということです。

図表2

『孫子』の戦術論	
自然体で状況に対応して臨機応変に戦う（風林火山） 水の流れのように柔らかく対応するフローの戦闘思想	
敵軍と自軍の戦力比	**戦　術**
敵軍１　vs.　自軍10	包囲殲滅
敵軍１　vs.　自軍５	短期攻撃
敵軍１　vs.　自軍２	正面と背後の二面攻撃
敵軍１　vs.　自軍１	正攻法で攻めて、奇襲攻撃で勝つ
敵軍２　vs.　自軍１	正面決戦を避け、守りを固める
敵軍10　vs.　自軍１	退却し決戦をしない

さらに、敵を思いのままに行動させるには、敵が最も重視しているところを取ることだとしています。つまり、「先ずその愛する所を奪わば、則《すなわ》ち聴かん」ということです。

⑤問題は、自軍の兵力が敵兵力に比べて劣っているときにはどうすべきかということです。この場合、正面決戦を避けて守りを固める、つまり「強なればこれを避けよ」ということになります。

⑥そして、兵力に差があり過ぎる場合には、退却して決戦をしない、つまり勝算のない戦いはしないことだというのです。それゆえ、「算多

きは勝ち、算少なきは勝たず」であり、劣勢ならば退却し、勝算がなければ闘わない、それゆえ「少なければ、則ちよくこれを逃れ、若《し》からざれば、則ちよくこれを避《さ》く」と説いているのです。

『孫子』のリーダー論

さて、以上のような『孫子』の兵法の戦略と戦術を実践に移すのは軍隊組織です。どのようにして軍隊組織を戦略的にあるいは戦術的に動かす必要があるのか。これについて説いているのが、『孫子』のリーダーシップ論です。

『孫子』によると、戦略と戦術を実行するリーダーは、基本的に臨機応変に状況に対応できる人物でなければなりません。水の流れを止めずにそのフローをマネジメントできなければならない、つまり「将の九変の利に通ずる者は用兵を知る」ということです。

とくに、戦場となる地形に応じて軍隊を動かす必要があり、「地形は兵の助けなり」というのです。しかも、このように臨機応変に対応できるリーダーというのは、『孫子』によると、軍に精神的な気力やエネルギーを与えて、水を下の方に流すような「勢い」を与えるものだとも言います。

また、リーダーは兵士を自分の手足を動かすように統率する必要があるとしています。

さらに、大勢の兵士に対して、リーダーはあたかも少数の兵士を管理するかのように統率する必要があるとも説いています。つまり、「衆を治むること寡《か》を治むるがごとし」ということです。

しかし、兵士個々人の勇気に頼ってはならず、あくまでも集団の勢いや全体の力で攻めることが重要であるとしています。つまり、「よく戦う者はこれを勢に求める」ということです。

そして、リーダーには、以下の五つの危険がいつも伴っているとします。「必死は殺され、必生《ひっしょう》は虜《とりこ》にされ、忿速《ふんそく》は侮《あなど》られ、廉潔《れんけつ》は辱《はずかし》められ、愛民は煩《わずら》わさる」。つまり、

①思慮が足りなくて決死の勇気だけで戦うようなリーダーは殺される。
②勇気がなく生き延びようとするリーダーは捕虜にされる。
③短気なリーダーは侮られて計略に引っかかる。
④清廉潔白なリーダーはわなに陥る。
⑤兵士を厚くいたわるリーダーは兵士の世話で苦労する。

ということです。

軍隊をダメにするリーダーというのは、これら五つのいずれかだとしています。戦《いく》さ上手なリーダーは自分を知り、相手を知り、地形を知っているので、戦いに迷いがありません。「兵を知る者は動きて迷わず、挙げて窮《きゅう》せず」。そして、リーダーに威厳《いげん》がなければ、敗北に導かれることになるとも言っています。

『孫子』の管理論

では、このようなリーダーは、戦略と戦術を実行するために、どのように兵士を管理する必要があるのでしょうか。『孫子』の兵法では、兵士が十分になついていないのに、罰則だけを機械的に適用すると、兵士は信服しないし、ついてこないと説いています。

　また、兵士を自分の子供のように大切に扱えば、兵士は喜んで生死をともにしてくれるとも言っています。しかし、注意しなければならないのは、温情だけでは兵士は動かないということです。やはり、軍紀をしっかりと守らせることが重要で、組織内で軍紀がしっかり守られていれば、兵士は喜んで命令に従ってくれると述べています。

　さらに、人間には生存本能があるので、相手を殺さなければ自分が殺されるといった究極の状況や、あるいは絶体絶命という状況に兵士を追い込めば、兵士は自然に一致団結して必死に戦うものだと説いています。そして、こうした状況に兵士を追い込むことこそが

図表3

『孫子』の経営管理論	
リーダー論	リーダーは、硬直的で型にハマった考え方をするのではなく、水のようにその状況に対応して臨機応変に柔軟に対応できる人物でなけれなならない。つまり、流れ、フローをマネジメントできる人。
管理論	兵士を機械の部品のように規律に従って画一的に管理するのではなく、規律を重視しながらも愛情をもって普段から接していれば、兵士は戦場で臨機応変に戦ってくれる。特に、兵士たちを絶体絶命の状況に置いたときには予想もしない力を発揮してくれる。

リーダーの役割だというのです。つまり、『孫子』の言葉で言えば、「三軍の衆を聚《あつ》めてこれを険に投ずるは、これ軍に将たるの事と謂《い》うなり」というのです。

最後に、『孫子』では、敵を包囲したらむやみやたらに敵を絶滅させるような攻撃をしてはならないとしています。むしろ、敵に逃げ道をつくってやり、決してその後を追ってはならないと説いているのです。というのも、窮地に追い込んだ敵ほど怖いものはないからです。そのような状況に陥った敵の気力というものは非常に強いので、思わぬ力を発揮する可能性があります。それゆえ、このような状況に置かれている軍隊をいたずらに攻撃してはならないのです。『孫子』の言葉で言えば、「囲師《いし》には必ず闕《か》き、窮寇《きゅうこう》には迫ることなかれ」ということです。

新しい実在論と新しい戦略論

このように、精神、気力、観念、ルール（軍紀）は、目で見ることや手で触れることができなくても、『孫子』の兵法ではその重要性がしっかりと触れられています。

そして、これと同じことを、全く異なる分野で明快に主張してみせたのが科学哲学者であるカール・ライムント・ポパーです。

彼は、科学的知識の発見の方法やその論理的構造を研究する過程で、われわれ人間の知性によって把握されうる知識内容や理論内容の世界もまた、物理的世界と同様にそれ自体自律して実在していることを発見したのです。

そして、彼はわれわれ人間をとりまく物理的世界を「世界１」、心理的世界を「世界２」、そして人間の知性によって把握されうる知識的世界を「世界３」と呼びました。しかも、この知識的世界は誰もがアクセスできるという意味で客観的世界であると主張しました。

ここで再び太平洋戦争に話を戻すと、このような多元論的世界観からすると、当時米軍は物理的・肉体的世界での資源が非常に豊かだったので、それに基づいて戦略を展開して戦ったのだと言えます。これに対して、日本軍はこれらの資源が非常に乏《とぼ》しい国でした。しかし、一方で知識的世界の資源である精神や観念などの実在性は非常に強いものでした。

したがって、それにもとづいて戦略を展開したのだと思います。それは決して空虚な戦略ではなく、当時の日本軍にとって豊かだった知識的世界の資源を徹底的に活用しようとした究極の戦略だったとも言えるのです。

このような多元的世界観に立ったとき、太平洋戦争における日本軍の戦略行動は必ずしも空虚なものではなかったと言えます。では、何が問題だったのでしょうか。それは、これら三つの世界の実在性とそれらの相互作用の関係を無視し、一元論的な精神主義に陥って戦略を展開していったことで、「戦略の不条理」に陥った点にあるのです。つまり、日本軍は知識的世界の絶対性にこだわりすぎたために、その戦略を批判的に発展させることができず、物理的世界の実在性を無視して、それゆえ物理的世界での兵器の進歩に適応できなかったことから、最終的に淘汰されてしまったのです。まさに、ひとつの世界における合理性だけを追求して別の世界の変化に適応できずに淘汰されてしまうという「戦略の不条理」に陥ったのです。

他方、米軍も物質的世界の豊かさに頼りすぎて、心理的世界と知識的世界の実在性を無視した戦略を展開していたと言っていいと思います。つまり、米軍は物理的一元論にもとづいて戦っていたのです。心理的世界と知識的世界の実在性を無視して、物質的優位性にもとづいて戦ったために、硫黄島戦や沖縄戦では多くの兵士たちが精神を病むことになりました。特に、沖縄戦で上陸した米兵約一八万人のうち、一万四七〇〇人が戦闘中何らかの原因で精神の病を患《わずら》っていたことが、米国立公文書館に保管されていた文書から明らかになっています。これもまた「戦略の不条理」なのです。

では、「戦略の不条理」に陥らないようにするにはどうすればよいか。それには、三つの実在する世界を前提とする新しい立体的な戦略思想が必要になってきます。この立体的な戦略こそが、「戦略の不条理」に陥らずに生き残るために必要な戦略であることを、これから説明してみたいと思います。

第2章 「戦略の不条理」発生のメカニズム

(1) 戦略研究とは

戦略の定義

今日、「戦略」という言葉は様々な分野において様々なかたちで使用されています。とくに最近では、その意味を明確に定義することなく、単なる流行語のように使っている人が意外に多いものです。

いろいろな本を注意深く読み込むと分かるのですが、「戦略」とは、生物学あるいは進化論に通じる「生存のための方法」であり、「生き残りのための知恵」あるいは「生存のためのアート(技法)」だと思います。

もちろん、完璧な真の定義などというものはありません。それは、あくまで約束事にすぎないわけです。そこで本書では、「戦略」という用語を「生き残りのための方法」という意味で一貫して使用したいと思います。

戦略研究と偶然

ところで今日、軍事に限らずビジネスの世界や経営学の世界において、戦略論の名のもとにいったい何が研究されているのでしょうか。一般的には、ビジネスにおける成功や目標達成、勝利などに至るためのプロセスを研究することが、戦略論とされることが多いと思います。

しかし、私はこのような戦略論イコール勝利へのプロセス研究とすることには疑問を持っています。というのも、そもそもある目標を達成できるかどうか、あるビジネスに成功できるかどうかも分からないのに、どうしてその最適プロセスを研究できるのかが理解しがたいからです。結果がどうなるのか分からないのに、そのプロセスを研究するというのはまったく奇妙なことです。

結果というものはある程度、偶然に支配されます。それを明らかにしたのは、一九世紀イギリスの自然科学者、チャールズ・ダーウィンです。太陽の日に向かって伸びてゆくアサガオを見て、みなさんはどう思うでしょうか。アサガオには意志があり、選択と集中の原理に従って日の当たる部分を選択して、そこに養分を集中させているから日に向かって伸びていく——そう考えたのは、一八世紀から一九世紀にかけてのフランスの博物学者ジャン・バティスト・ラマルクでした。

しかし、ダーウィンの解釈はこれとは異なるものでした。彼は、アサガオには意志はなく、たまたま日に当たっている部分が伸び、たまたま日に当たらない部分が萎《しお》れているにすぎないと解釈しました。つまり、どの部分が生長し、どの部分が萎れるかはアサガオが決定しているのではなく、環境が決定しているのであり、それは偶然にすぎないというのです。これが今日、支配的な進化論による見解です。

同様に、あるビジネスに成功するかどうか、ある目標が達成できるかどうか、ある戦いに勝てるかどうかは最終的に社会システムや社会環境や自然環境によって決定されるのであって、われわれ自身が決定できるわけではありません。つまり、いくらわれわれがビジネスに成功したくても、それを決定するのはわれわれ自身の意志ではなく、最終的に社会システムによって決定されてしまうということです。そこには、偶然や運が大きく関係しているのです。

戦略と世界観

では、われわれは何もしなくてもいいのかというと、そうではありません。何もしなければ、運をつかむことも引き寄せることもできないからです。また、ただひたすら誠実にがんばるとか、がむしゃらに突き進むというのも意味がありません。それでは、簡単に淘汰されてしまうからです。

何よりも、ドイツの偉大な哲学者、イマヌエル・カントが言うように、不完全な人間としてできることを行う努力が必要なのです。その結果、失敗したり、淘汰されたりするのは仕方のないことでしょう。

では、不完全な人間が生き残るためには、どのような努力をすればいいのでしょうか。まず、われわれはいまどのような世界の中で生きているのかという、われわれを取り巻く世界に関する深い洞察が必要だと思います。つまり、自らの世界観が非常に重要になってくるのです。そして、自分を取り巻く世界に対して、絶えず適応する努力が必要になるのです。

世界がいまどのように変化してきているのか。これを知るために、世界の動きに最も敏感な経営学の動向を通して、われわれがいま多元的な世界に生きていることを説明してみたいと思います。

(2)経営の世界から見える世界の変化

物理的世界と経営学

経営学は、一九世紀末から二〇世紀初頭に米国で登場してきた比較的新しい学問です。およそ一〇〇年間にわたるその歴史を振り返ると、背後に流れている世界観は大きく変化を遂げていることが分かります。

経営学が米国で生まれたばかりの頃は、物理的・肉体的世界観を前提とする一元論的なマネジメント論が主流でした。労働者の実際の行動からちょっとした無駄を取り除くだけで、効率性が著《いちじる》しく上昇することが分かったからです。

たとえば、フレデリック・ウィンスロー・テーラーにはじまる古典的な科学的管理法では、人間を物理的な存在(機械の部品)とみなし、いかにして労働者を機械の部品のように組織的かつ効率的に働かせることができるか、どれだけ多くの製品を少ない時間で効率的につくりだせるかといったことをマネジメントの中心的問題として扱い、徹底的に無駄を排除しようとしました。

また、ギルブレイス夫妻は、工学的観点から人間の行動を徹底的に分析し、その組み合わせによって人間のあらゆる動作を説明できるいくつかの基本的な動作パターンを抽出しました。

こうした研究成果は、いまでは古くて色あせた研究のように思えますが、その成果はロボット工学へと応用され、いまでも生きています。

心理的世界と経営学

しかし、ゼネラル・エレクトリック（ＧＥ）の依頼により、ウェスタン・エレクトリック（ＷＥ）のホーソン工場で一九二四年から数年にわたって行われた実験以後、われわれをとりまく世界は物理的世界だけではないことが分かってきました。すなわち、物理的世界とは独立した、人間の心理的世界の存在についても明らかになったのです。

当時、ＧＥは、創業者の一人トーマス・エジソンが発明した電球の販売促進のために、作業場をランプに代えて電球で照らすと労働者の効率性が急速に上昇するという実験データを欲しがっていました。

自社の実験では信憑《しんぴょう》性がないと考えたＧＥは、ＷＥのホーソン工場にその実験を依頼しました。すると、実験は予想外の結果となりました。ホーソン工場の工員たちは、照明の明るさとは無関係に、被験者として「注目されている」「選ばれている」という意識をむき出しにして働いたのです。

こうして、人間は私的領域と公的領域とを分離できず、家庭のようなプライベート空間で抱く感情（センチメント）を、職場にも持ち込んでしまうことが明らかにされました。つまり、物理的世界とともに人間の心理的世界も併存していることがわかったのです。

そして、人間の心理状態をマネジメントしないと人間は効率的に働かないし、また人間の心理をくすぐるような商品をつくらないと商品は売れないことが分かってきたのです。

知識的世界と現代ビジネス

ところが、近年、インターネットが普及すると、物理的世界や心理的世界とは別に、知識、理論、ブランド、権利などの無形の実在世界が存在することが分かってきました。そして、今日、そのような世界が非常に重要なビジネスの対象として浮かび上がり、その存在感を増しています。

いまや、二酸化炭素（CO^2）の排出権をはじめとして、ビジネス・モデルや経営コンサルタントが提供する経営に関する様々なノウハウなどが商品として自由に取引される時代です。債券や証券のみならず、買うか買わないかを決定する選択権つまりオプションや、著作権も商品として自由に売買されています。物理的なモノとしての製品こそが重要であり、より安くより優れたモノさえつくれば売れるという一元的世界観を前提としたマネジメントの時代は、もはや完全に終わったのです。

　このような多元的な世界では、たとえ性能が非常に良い製品を誠実につくりあげたとしても、買い手がその性能を十分理解できなければ、うまく使いこなすことはできません。たとえば、パソコンがもつ能力や機能をどれだけ完全に使いこなしている人がいるでしょうか。ほとんどのユーザーは、能力や機能のほんの一部しか使っていないでしょう。それゆえ、どれだけ優れた能力や機能を持つパソコンをつくったとしても、それだけでは売れないわけです。

　では、どのようにして人々は製品を購入しているのでしょうか。おそらく製品に付随しているブランド・イメージ、デザイン、スマートさといった無形なものに惹《ひ》かれて購入しているのではないでしょうか。

　その無形のものとは、たとえばピカソの絵にも存在している何かです。もちろん、ピカソの絵はキャンバスと絵具という物理的な物質から構成されています。しかし、彼の絵にはそれ以上の無形の何かが付随していて、多くの人々はそれに高い価値を与えているのです。もちろん、それはわれわれの心理的な世界の実在ではありません。そこには、物理的世界や心理的世界を超えた何かが存在しているのだと考えるべきなのです。

このような世界を、オーストリア出身の科学哲学者であるポパーは「世界3」と呼びました。今日、インターネットの普及とともに、その世界に多くの人々が高い価値を見出し、そこにビジネス・チャンスを見出そうとしているのです。

（3）ポパーの多元的世界観

物理的世界と知識的世界との違い

さて、以上のような経営学やビジネスの歴史の背後に流れる世界観の変化は、科学哲学者カール・ライムント・ポパーの多元的世界観によってより明確に説明することができます。

ポパーは、二〇世紀初頭のウィーンで、科学的知識の発見に至る真なる論理的プロセスの研究をしていました。最近はやりのイノベーションに至るプロセス研究のようなものです。そして、最終的に科学的知識の発見に至る真なる論理的プロセスは存在しないと主張し、新しい世界観にたどり着きました。

当時、科学的知識の発見に至る論理的プロセスとして注目されていたのは、以下の二つのプロセスでした。

①帰納主義：物理的世界に対して、人間の五感で感じられる感覚データをたくさん集めることによって、普遍的な科学的知識に至るプロセスが存在するという考え方。たとえば、たくさんの黒いカラスを観察することによって、「すべてのカラスは黒い」という真なる普遍的な命題を得ることができるとする立場。

②心理主義：心理的世界において科学的知識発見に至る心理的プロセスが存在し、それを分析すれば、科学的知識の発見に至る真の心理的プロセスを知ることができるという考え方。たとえば、アルバート・アインシュタインの心理的プロセスを分析していけば、相対性理論を導く真の心理的プロセスが解明できるとする立場。

これらの意見に対して、ポパーはいずれのプロセスにも真なる発見の論理は存在しないと主張しました。そこには、必ず偶然、論理の飛躍、創造的直観などの非合理的要素が介在するというのです。

たとえば、「すべてのカラスは黒い」という非常に簡単な普遍言明（時空間に制限のない言明）ですら、われわれは観察から論理的に導くことはできません。この普遍言明を観察から論理的に導くためには、あらゆる場所に存在している、しかもあらゆる時間に存在している無数のカラスをすべて観察する必要があるのです。しかし、人間は有限の観察能力しか持ち合わせていません。そのため、有限のカラスの数しか観察できないのです。この有限の観察から、「すべてのカラスは黒い」という普遍言明を導き出すためには、「論理の飛躍」あるいは「創造的直観」が必要となるのです。

このように、観察から科学的普遍言明に至るプロセスにおいて機能するような、真なる科学的発見の論理は存在しないのです。そして、このことはまた物理的世界と理論内容の世界が必ずしも一致しないことを意味しています。つまり、理論は常に間違っている可能性があるというわけです。

心理的世界と知識的世界との違い

同様に、われわれは相対性理論の発見に至るアインシュタインの心理的プロセス（心理的世界）をどれだけ厳密に分析し理解できたとしても、相対性理論の内容（知識的世界）それ自体を理解することはできません。また、アインシュタイン自身、まさか自分が生み出した理論の内容の中に原子爆弾の製造を可能にする内容が含まれているとはいささかも思っていませんでした。つまり、心理的プロセスの世界と理論内容の世界は異なっているのです。

たしかに、理論は、人間の心理的世界から生み出されます。しかし、理論がいったん言語で表現され、広く一般に公表されてしまうと、それはもはや主観的で個人的なものではなくなるのです。公表された理論は誰の所有物でもなく、みんなが自由にアクセスでき、知性のある誰もがアプローチできるという意味で、理論は客観的世界に存在しているわけです。たとえば数で言うと、誰かが自然数を発見してそれを順次どこまでも続けていく方法を発明し、その後別の人物によって素数の存在や平方根の存在が発見されたのです。

理論というのは、誰が発見するのかということは重要ではなく、いつか発見されるべきものとして、自律的に存在していると考えられるべきです。公表された知識や理論は、発見者の主観的な心理的世界から完全に独立しており、それはそれ自体で客観的世界の住人として実在し、理論をつくった人物の死後もなお存在し続けることになるわけです。

ポパーの３つの実在世界

こうして、科学的発見の論理の研究を進めている過程で、ポパーは以下のように理論や知識の内容の世界と物理的世界、そして心理的世界はそれぞれ異なる世界であることに気づきます。

世界は少なくとも三つの存在論的に区別される部分世界から成り立っている。あるいは私はこういおうと思うのだが、そこには三つの世界がある。その第一は、物理的世界つまり物理的状態の世界、第二は心的世界または心的状態の世界、第三は知性によって把握しうるものの世界、または客観的意味における観念の世界である。それは思考の可能的対象の世界である。（ポパー『客観的知識』森博訳　一七六〜一七七ページ）

そして、彼は、以下のように、椅子、机、身体などの目に見える物理的世界あるいは物理的状態の世界を「世界1」、人間の主観の世界あるいは心の状態の世界を「世界2」、さらに知識、情報、権利、価値など五感ではなく、知性によって把握できる世界を「世界3」と呼び、多元的実在論を主張しました。

（物理的世界1）椅子、机、身体などの物理的世界
（心理的世界2）人間の心理、心的状態の世界
（知識的世界3）知識、理論内容、権利、情報などの人間の知性で把握できる世界

図表1

	物理的世界	心理的世界	知識的世界
例	物質	人間の心的状態	一般的知識･技術的知識
	物体	感情	理論内容
	物理的状態	欲望	取引コスト
	人間の身体	心理プロセス	問題、批判的議論
	紙としての本	理論発見に至る心理状態	価値、芸術的価値
	絵具と布としての絵画	本を読んでいる心の状態	本の内容
	貨幣の増減	ベートーヴェンの音楽	観念、概念
	物理的資産の増減	ワーグナーの音楽	バッハやモーツァルトの音楽
		予想外の利益と損失	取引コストの増減

ポパーによると、物理的世界によって心理的世界を完全には説明することはできません。また、心理的世界によって知識的世界を完全に説明することもできません。これら三つの世界は、相互に独立し、自律しているのです。

ポパーは、ベートーヴェンとワーグナーの音楽は心理的世界の音楽だと言います。というのも、両者の音楽は人間の心的状態や感情を描写するような音楽であり、それは発見されたのではなく、あくまで発明されたのだと言います。とくに、ワーグナーの音楽は人間の心や気分を高揚させることから、第二次大戦中には兵士の戦闘意欲を高めるために、ヒトラーによって利用されたと言われています。

　これに対して、バッハやモーツァルトの音楽は知識的世界の音楽だと言います。というのも、両者の音楽は、誰がいつどのような心境で奏《かな》でようと、それほど大きく変わらないからです。その音楽は人間の感情から独立しており、人間が発明したというよりも、むしろ理論のようにもともと存在しており、それを人間が発見したと言うのです。

　これと同じ考えに立って、文学・音楽・芸術を評論していたのが、日本の文芸評論家・小林秀雄です。彼は、モーツァルトの生活や生い立ちをいくら詳しく研究しても、モーツァルトの音楽それ自体を理解することはできないといいました。逆に、モーツァルトの音楽それ自体から、モーツァルトという人間が分かるのだというのです。小林秀雄は、モーツァルトの明るい音楽の背後には何か悲しいメロディが流れており、明るい性格だったといわれていたモーツァルトにも実は深い悲しみがあったのではないかと推測しています。

　同様に、トルストイが恐妻家《きょうさいか》だったとか、ドストエフスキーの生活は荒れていたとか、彼らの実生活を綿密に研究しても、それによって彼らの作品の内容を深く理解することはできません。小林秀雄は、そんなことは彼らの作品の内容とは関係のないことだとさえ言っています。

　これまでの話をまとめますと、知性によって把握できる知識的世界が、物理的世界や心理的世界とは独立して実在していると主張したのが、二〇世紀最大の科学哲学者の一人であるポパーなのです。

三つの世界の相互作用

さて、ポパーによると、物理的世界、心理的世界、知識的世界の三つの世界は、以下のようにそれぞれ相互作用していると主張します。

> 三つの世界は、最初の二つの世界が相互作用でき、最後の二つの世界が相互作用できるように関係づけられている。それゆえ、第二世界、主観的または個人的経験の世界は、他の二つの世界のそれぞれと相互作用する。第一世界と第三世界とは、第二世界つまり主観的または個人的経験の世界の仲介がなければ相互作用できない。（ポパー著『客観的知識』森博訳　一七七ページ）

たとえば、「爆弾の作り方」という知識的世界に存在する知識は、インターネット上で公開され、それが人間の心理的世界を通して理解された後に物理的存在としての爆弾となって、物理的世界の実在を破壊することになります。

また、書物はそれ自体紙からなる物理的世界の存在ですが、その内容は知識的世界の存在であり、われわれ人間の心理的世界を通して、その内容は理解されることになります。これらのうち、知識的世界から心理的世界への作用はとくに重要なものです。われわれ人間の心理や自我は、この知識的世界なくして存在できません。人間の心は、知識的世界と結びついており、人間の合理性や自己反省的思考は、知識的世界と人間の心理的世界との相互作用の結果なのです。

そして、アウトプットとして人間が生み出す製品や芸術作品は、すべて人間の心理的世界と知識的世界の相互作用の所産なのです。さらに、人間の知的成長は、この知識的世界と心理的世界の相互作用に依存しているわけです。

批判と自己超越

こうしたポパーの多元的世界観に従うと、天賦《てんぷ》の才能やパーソナリティが人間の行動をすべて決定することはありません。つまり、先天的な能力や才能が人間の生み出す物や作品の良し悪しを決定するわけではないということです。

アウトプットの良し悪しは、人間の心理的世界から知識的世界への働きかけと知識的世界が人間の心理へもたらすフィードバック、そして人間による自己反省にすべてかかって

図表2　多元的実在世界のイメージ

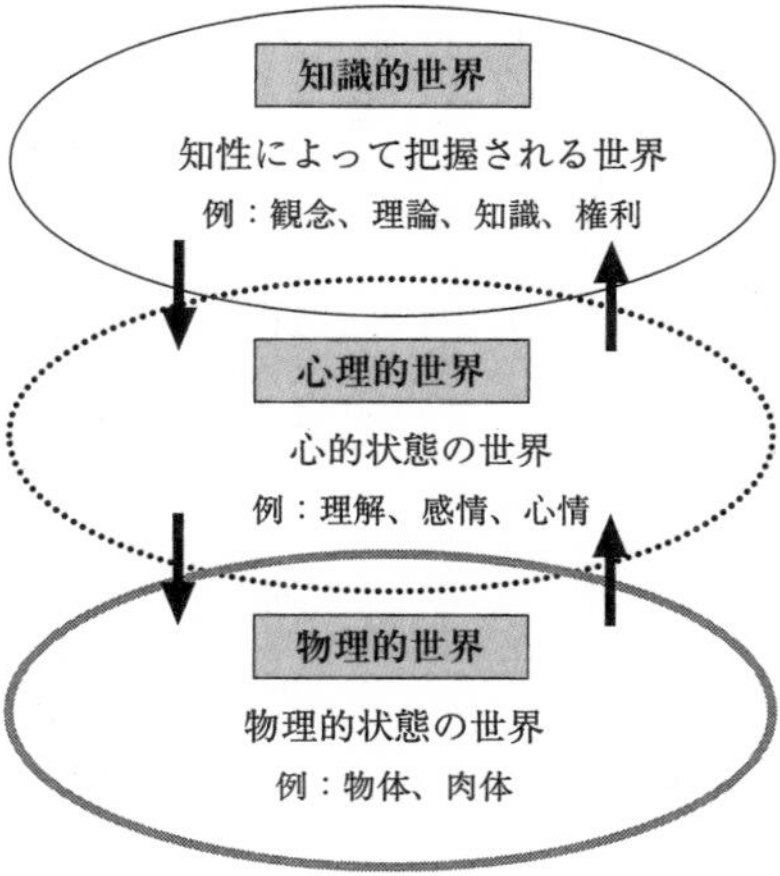

いるのです。

　このような相互作用や自己反省によって、われわれは自分の先天的に備わった才能や能力を超越することができる可能性があるのです。逆に言えば、いくら才能を持っていても、この相互運動を心がけていなければ、自分の才能を生かすことはできないわけです。これは、能力のある人々が集まっている組織についても当てはまります。

　われわれ人間は、自分の成果を客観的かつ批判的に検討しようとする試みによって自己を超越できるのです。常に、自己を客観的視点から批判的に点検する努力と、それによって自らが生み出すパフォーマンスをより良くしようとする姿勢が人間の成長には不可欠なのです。

人間は知識的世界と相互作用することによって心理的世界を成長させることができ、それによって自我がつくられます。二つの世界の間の批判的な相互作用の関係が密であるほど、知識的世界における矛盾や問題が発見されやすく、そしてまたそれを克服しようとする機会も増えることになります。こうして、人間は成長する可能性が高まることになるわけです。

以上のような物理的世界、心理的世界、知識的世界からなるポパーの多元論的な実在論は、図表2のように表すことができると思います。そして、このような多元論的実在論にもとづいて、物理的世界のみならず、われわれの心理的世界、そして知識などの人間の知性によって把握されうる知識的世界が並存していることを十分理解する必要があります。

とくに現代では、これら三つの世界の実在性を前提とし、組織がどのようにして戦略的にアプローチしていくのかということが、非常に重要な課題になると思われます。これを無視するものは、これら三つの世界で変化が起こったとき、淘汰の危機に晒されることになるのです。

（4）多元的世界と「戦略の不条理」

さて、以上のようなポパーの多元的世界観に立って組織を考えると、物理的世界、心理的世界、知識的世界の三つの世界の相互作用の関係は、以下のように場合分けすることができます。

「戦略の不条理」とは

①三つの世界が相互作用しながら相互に同じ方向に変化する場合
②三つの世界が相互に独立して全く異なる方向に変化する場合
③二つの世界は相互作用しながら同じ方向に変化するが、ひとつの世界だけは独立して別の方向に変化する場合

ここで、物理的世界のみの一元論にもとづく戦略に従って組織が行動することを考えてみましょう。この組織は図表3のケース①のように三つの世界が同じ方向に変化するという場合にはその変化に対応できますが、ケース②と③のように三つの世界が必ずしも同じ

図表3　3つの世界の相互作用

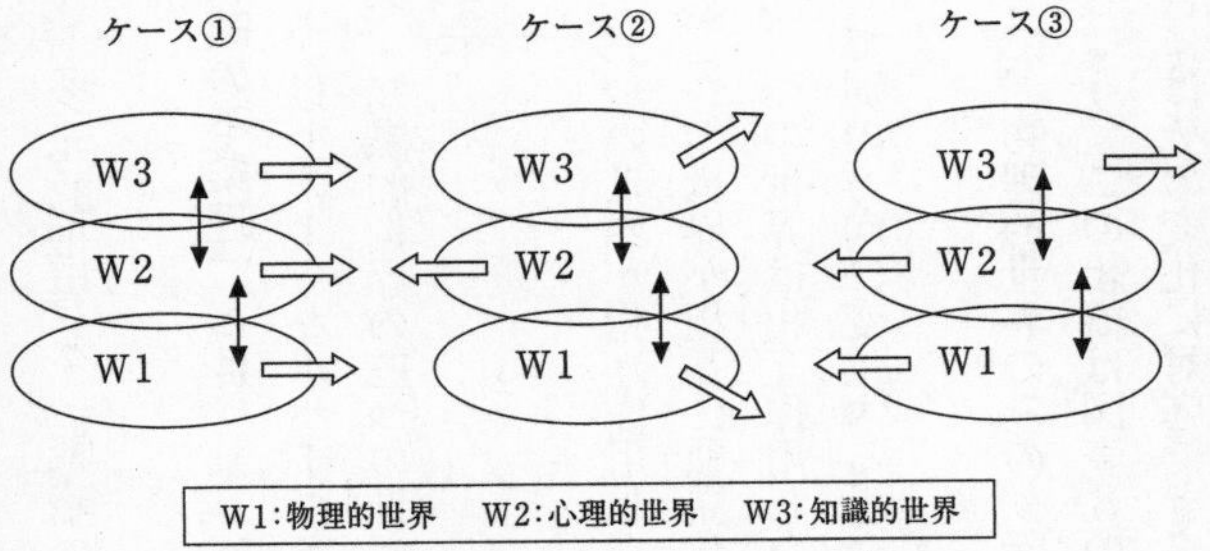

方向に変化しない場合には、この組織は物理的世界では合理的に行動しているにもかかわらず、他の世界の変化には対応できず、合理的に淘汰されることになります。このように、ひとつの世界では合理的に適合的行動をしていても、別の世界ではその行動が不適合な行動となり、結果的に淘汰されてしまう現象のことを「戦略の不条理」と呼びたいと思います。

同様に、もし物理的世界と心理的世界といった二元論にもとづく戦略に従って組織が行動していても、ケース②のように三つの世界がバラバラに変化する場合や、ケース③のように、たとえば知識的世界といったひとつの世界だけが別の方向に変化する場合には、同じく「戦略の不条理」に陥る可能性は高いと言えます。

したがって、どのような変化が起こってもある程度対応することができ、それゆえ戦略の不条理に陥ることなく生き残るためには、組織は常に三つの世界に対応した戦略を展開していくことが重要になるのです。この多元的実在論にもとづくという意味で「立体的」とも形容できる戦略のことを、本書では「キュービック・グランド・ストラテジー（立体的大戦略）」と呼ぶことにします。

そして、このような立体的戦略こそが、現代のような不条理に満ちた多元社会で生き残る組織にとって必要なのです。ここでは、ひとまずこの「キュービック・グランド・ストラテジー」と呼びうる考え方の簡単なイメージだけを紹介し、以下の各章で展開される議論の概略について簡単にお話ししておきたいと思います。

物理的世界と直接アプローチ戦略

さて、世界でもっとも存在感があるのは物理的・肉体的世界であり、それゆえ物理的・肉体的世界と関係しないどんなものも存在感がないというのが物理的世界一元論の考えです。このような世界観にもとづいて、軍事戦略論を展開していたのが、有名なカール・フォン・クラウゼヴィッツです。

もちろん、彼は人間の心理的世界については十分認識していました。しかし、それは単なる現象であって本質ではないと思っていたのです。それゆえ、彼は物理的・肉体的世界を徹底的に攻撃さえすれば、人間の心などはすぐに折れてしまい、敵の意志を左右できると思っていました。こうした世界観が、彼の戦略論の独自性のひとつなのです。そして、この点でクラウゼヴィッツの戦略論は、今日の経済学や経営学上で展開されている様々な経営戦略論と共通しています。

新古典派経済学を私企業の観点から捉え直して経営戦略へと発展させたのがマイケル・E・ポーターです。彼の競争戦略は、競争の圧力が弱い業界を見出し、そこでどこよりも安く生産して価格で勝負するか、あるいは他社の製品にはない特徴を持った製品として差別化できるならば、それが企業を競争優位な立場（ポジション）に置くことになり、消費者の心をつかむことができるという議論です。それは、目に見えるかたちで戦って生き残ろうとする戦略であり、最終的には力と力の戦いに持ち込む戦略論です。

同様に、バーガー・ワーナーフェルト、ジェイ・B・バーニーたちが主張し、今日、資源ベース理論と呼ばれているものもその本質は同じです。つまり、価格戦略か差別化戦略かに関する議論というわけです。そして問題は、こうした戦略的行動を決定するのは、ポーターが言うように業界の競争状況ではなく、むしろ企業に固有の資源だと言うのです。すなわち企業が保有している独自の資源が企業の戦略的行動を決定するのであって、環境が戦略的行動を決定するのではないというわけです。

さらに、近年、W・チャン・キムとレネ・モボルニュによって展開されたブルー・オーシャン戦略もその本質は同じです。既存の製品であっても戦略的な企業努力によって、一方で不要なものを減らしたり削除したりすることで低コストを実現し、他方で新しい価値を生みだしたり付加したりすることで差別化できるならば、競争のない〝青い海〟が広がるというわけです。

以上のように、これらいずれの議論も最終的には価格か差別化かの戦いになることを覚悟する戦略論であり、基本的に目に見える物理的世界を前提とする議論にすぎないのです。

しかし、そのような物理的世界における一元的な直接的アプローチ戦略で製品をつくっても、人々は依然としてその製品を購入しない可能性があります。つまり、一元的な世界観にもとづく力による戦略だけでは、たとえある製品が他社の製品よりも安く優れていたとしても、製品が売れる保証はまったくないのです。

なぜか。人間は物理的世界だけで生きているわけではないからです。われわれ人間は心理的世界の中でも生きているからです。このことを無視して、目に見える物理的世界だけを想定し、戦略的に行動する組織は心理的世界との間に不適合を起こし、淘汰の危機に晒されることになります。つまり、戦略の不条理に陥ることになるわけです。

心理的世界と間接アプローチ戦略

さて、戦略の不条理を回避するためには、物理的・肉体的世界とは独立して心理的世界もまた存在するという二元論的な世界観に立つ必要があります。

このような二元論的世界観に立って新しい軍事戦略論を展開したのは、英国の軍事戦略家バジル・ヘンリー・リデルハートでした。彼は、どれだけ激しく物理的・肉体的世界を攻撃しても人間の心まで支配することはできず、むしろ、復讐心を煽《あお》るだけだと考えました。それゆえ、物理的世界への攻撃だけではなく、人間の心理的世界へのアプローチも必要だと考えたのです。しかも、場合によっては心理的世界への攻撃だけで戦いを終わらせることもできると主張しました。むしろ、そちらの方がはるかに優れた戦い方だと公言しました。

リデルハートと同じ二元的な世界観に立って、今日、経済・経営学分野では、新しい研究が進められています。それは、ダニエル・カーネマン、エイモス・トヴェルスキー、リチャード・H・セイラーたちによって展開されている行動経済学あるいは経済心理学と呼ばれているものです。

この研究では、人間は物理的世界の住人であるとともに心理的世界の住人でもあるから、この心理的世界の実在性を前提とするような間接的アプローチ戦略を展開しなければ、人々は物理的世界の中で衝撃を受けたとしても動こうとはしないということが明らかにされています。

しかし、カール・ライムント・ポパーが主張したように、今日、物理的世界や心理的世界とは別にもうひとつの世界が存在し、その存在感はますます大きくなっています。何度もくり返しますが、それは、人間の五感ではなく、人間の知性によって把握されうる世界であり、その意味で知識的世界と呼びうる世界です。それゆえ、二元論にもとづくリデルハートの戦略論では限界があります。知識的世界の動きに対応できず、「戦略の不条理」に陥ってしまう可能性があるからです。

知識的世界と間接アプローチ戦略

軍事の世界において、比較的早い時期にこの知識的世界へのアプローチが重要であることに気づいていたのが、第二次世界大戦時のドイツの天才将軍エルヴィン・ロンメルでした。彼は、物理的世界を対象とする戦略や心理的世界を対象とするアプローチのみならず、知識的世界への戦略も忘れてはいませんでした。むしろ、非常に効果的だと考えていたのです。このような多元的な立体的戦略行動によって、ロンメルはアフリカ戦線において兵力の点で常に劣勢であっても戦いに勝ち続けました。その彼の戦略思想を本書でも紹介してみたいと思います。

軍事の世界と同様に、今日、この目には見えない知識的世界が経済行動に大きな影響を与えることが経済学や経営学の分野でも認識されるようになっています。特に、会計上では計測できないのですが、人間の知性によってその存在が認識できる知識的コスト、すなわち「取引コスト」が発見され、それが人間の行動に大きく影響を及ぼすことが明らかになりました。

「取引コスト」の存在に気づいたのは、一九九一年にノーベル経済学賞を受賞したロナルド・コースであり、その考えを大きく発展させたのが、二〇〇九年に同賞を受賞したオリバー・E・ウィリアムソンです。

この「取引コスト」の存在こそが、人々が変化するのを阻止する原因のひとつになっているのです。それゆえ、もし他社の製品がすでに市場において支配的な状況で、自社の製品をそこに投入する場合、目に見える製品の性能や価格だけではなく、消費者が買い換えに伴って発生するこの目に見えない「取引コスト」を節約するような何らかの間接アプローチが必要になってくるのです。この「取引コスト」については、後で詳しく説明したいと思います。

キュービック・グランド・ストラテジー（立体的大戦略）

以上のように、多元的世界観に立てば、物理的世界で技術的なイノベーションを起こして低価格を実現したり、差別化を図ったりするような直接アプローチ戦略を展開するだけでは、製品が売れる保証はまったくないことが分かります。そのような物理的世界へのアプローチに固執すれば、逆に他の世界と不適合になり、企業は戦略の不条理に陥ることになるのです。

直接アプローチ戦略にくわえて、人間の心理的世界を対象とする間接アプローチも展開する必要があり、さらに目には見えない知識的世界の実在性を対象とする間接アプローチもまた不可欠だと言えます。それゆえ今日、これら三つのアプローチを立体的に構成する新しい戦略の哲学が必要になってくるのです。

前述のリデルハートは、物理的世界と心理的世界の二つの世界の実在性を前提として、直接アプローチと間接アプローチを展開し、それらをまとめるフラットな大戦略を「グランド・ストラテジー」と呼びました。

しかし、本書で展開する戦略思想は、三つの世界の実在性を前提とし、ひとつの直接アプローチと二種類の間接アプローチを立体的にまとめるものです。そこで、この戦略を

図表4　キュービック・グランド・ストラテジーのイメージ

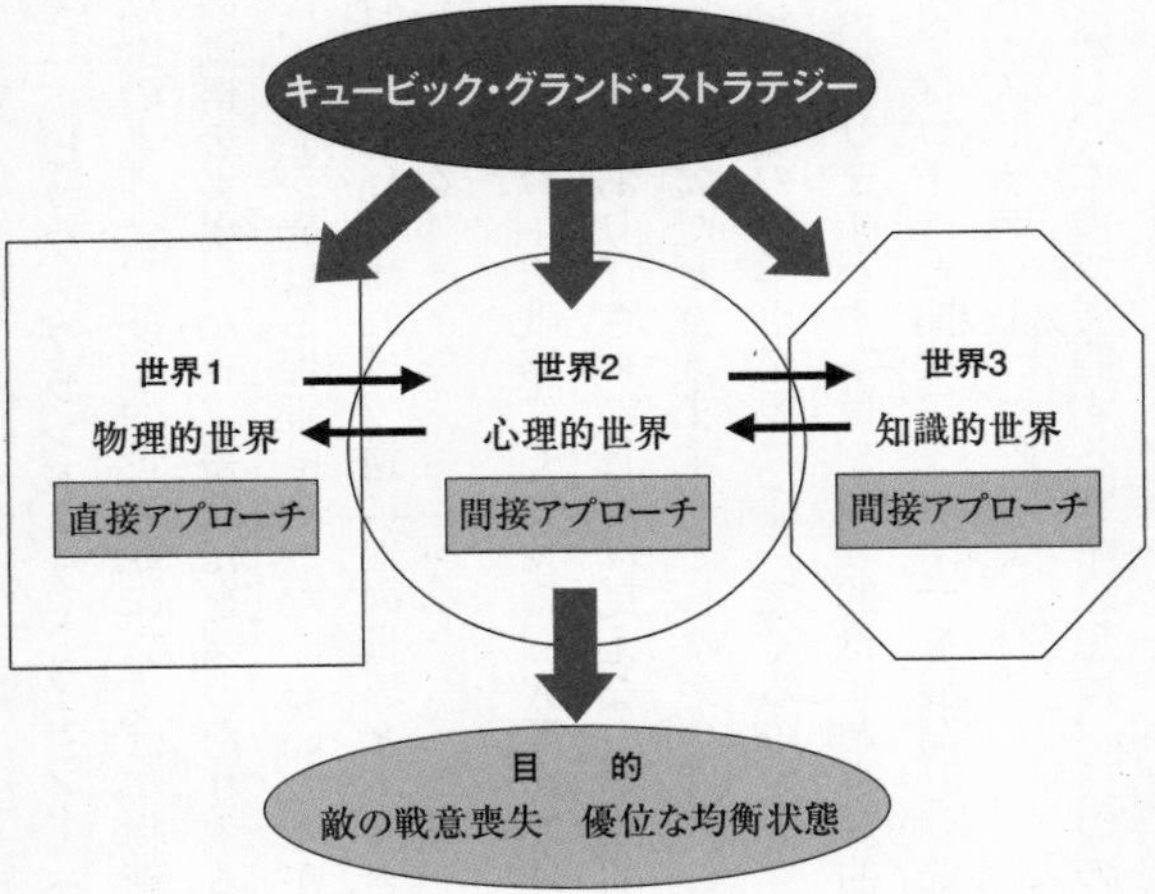

「キュービック・グランド・ストラテジー（立体的大戦略）」と呼ぶことにします。

戦略のキュビズム

このキュービック・グランド・ストラテジーのイメージは、図表４のようになります。それは、まさに様々な角度から見たものを平面に落としこむピカソのキュビズムの絵にも似ています。この意味で、ここで展開する戦略の哲学は「戦略のキュビズム」とも呼びうる戦略思想なのです。

それは、経験的かつ実証的成果にもとづいて展開される議論ではありません。あくまでも、哲学的な存在論や実在論にもとづいて展開される哲学的議論なのです。

戦略のキュビズムにおいては、知識的世界や心理的世界の実在性を前提として展開される間接アプローチ戦略だけで戦いに勝利し、生き残ることができるならば、それは「ベストの戦い」とみなされます。まさに『孫子』の言う「戦わずして人の兵を屈する」ことを意味します。

もし知識的世界や心理的世界の実在性を前提とする間接アプローチだけではなく、物理的世界の実在性を前提とする直接アプローチ戦略をも展開して勝利し、生き残ることができるならば、それは「ベターな戦い」と呼ばれます。

しかし、物理的世界の実在性だけを前提とした直接アプローチだけに終始する戦いは、非生産的な「愚かな戦い」と言えます。それは一面的な戦いであり、それだけでは生き残る可能性は薄いと思います。したがって、三つの世界を視野に入れる「戦略のキュビズム」こそが、これからの組織に求められる新しい戦略思想となる可能性が高いと思います。

以下、この新しい戦略思想である「戦略のキュビズム」を構成する要素、すなわち物理的世界を対象とする直接アプローチ戦略、心理的世界を対象とする間接アプローチ戦略、知識的世界を対象とする間接アプローチ戦略について、それぞれを各論的に説明し、その後、これらの要素を体系的に構成するキュービック・グランド・ストラテジーの具体的事例を軍事の世界から引き出してみたいと思います。そして最後に、キュービック・グランド・ストラテジーの原理について述べ、それが新しい戦略思想になりうる可能性があることを述べてみたいと思います。

文庫版のための付記——三つの世界への戦略アプローチの仕方について

本書の特徴は、世界を三つに区別する多元的世界観のもとに立体的大戦略つまりキュービック・グランド・ストラテジーを展開している点にあります。そしてその多元的世界観が、科学哲学者K・R・ポパーによって展開された比較的新しい哲学的実在論を指すことはすでに述べたとおりです。

このような多元的世界に関して、これまで多くの読者から、心理的世界と知識的世界の区別がわかりにくいという指摘を受けました。しかし、ここ一〇年の間に、知識的世界であるインターネットの世界が大きく急速に広がり、デジタルの世界、そしてメタバ

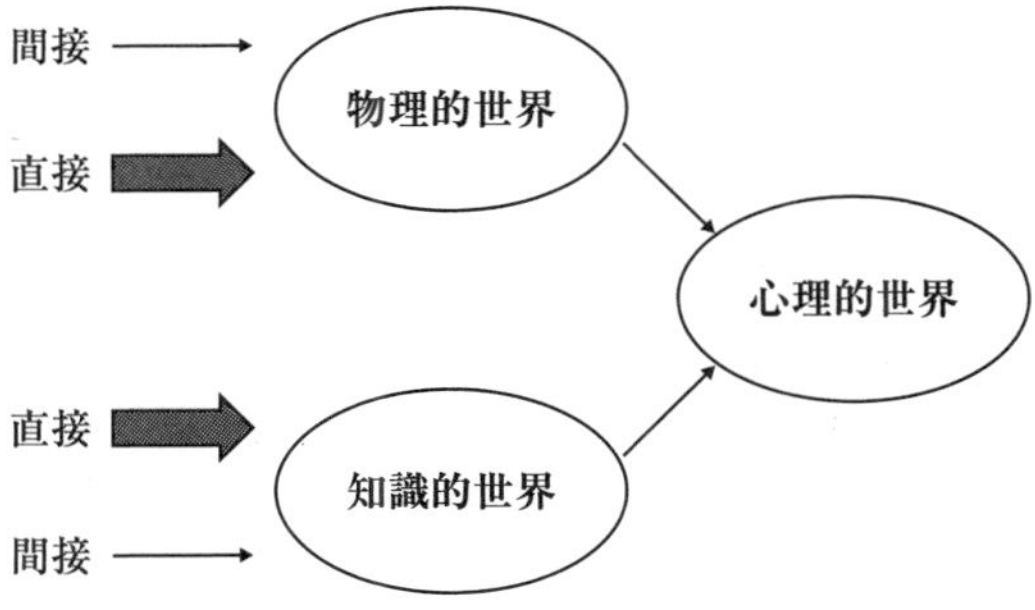

ースの世界の存在感も大きくなってきています。それゆえ、今日、心理的世界と知識的世界の区別もはっきりしてきたように思えます。

そして、ビジネスの主戦場も、今日、物理的世界から徐々に知識的世界に移行しつつあるように思えます。つまり、物理的な製品ビジネスから知識的なコンテンツ・ビジネスへと移行しつつあるのです。しかし、だからといって、物理的世界は消滅しませんし、心理的世界も消滅しません。したがって、重要なことはこれら三つの世界を区別し、これらの世界に対して多元的な戦略アプローチを展開することが必要なのです。

しかし、このような多元的なアプローチを展開する場合、注意すべきことは物理的世界と知識的世界は客観的世界なので、だれもが直接的にアプローチできますが、心理的世界は主観的世界なので、だれもその世界に直接的にアプローチできない点です。それゆえ、心理的世界へアプローチするには、物理的世界へのアプローチを通して間接的に心理的世界へアプローチするか、あるいは知識的世界へのアプローチを通して間接的に心理的世界へアプローチするかということになります。

以上のような点に注意して、以下、本書を読み進めていただきたいと思います。

第3章　クラウゼヴィッツと物理的世界の戦略論

前章で説明してきたように、われわれ人間が関わっている実在世界は、物理的世界、心理的世界、そして知識的世界の三つに区分することができます。

これら三つの世界のうち、物理的世界の実在性を前提として展開される戦略は、目に見えるかたちで敵を直接攻撃する直接アプローチ戦略となります。われわれ人間は、明らかに物理的世界の住人として生きています。そうである以上、当然、この物理的世界の中で戦っていく必要があります。

私の考えでは、軍事の世界において、物理的世界を対象とする直接アプローチ戦略を、最初に明確に展開してみせたのはカール・フォン・クラウゼヴィッツだと思います。そして今日、経営学で展開されている戦略論的な議論のほとんどが、実はこの物理的世界を対象とする直接アプローチ戦略の一種であると思います。

そのことを理解していただくために、まずクラウゼヴィッツの戦略論の本質について説明してみたいと思います。次に、これと同じ本質をもった現代の経営戦略論について簡単にレヴューしてみたいと思います。そして最後に、物理的世界だけを対象とする戦略では「戦略の不条理」に陥る可能性があることを指摘してみたいと思います。

(1) クラウゼヴィッツの生涯

ご存じのように、戦略思想の原点は他でもない軍事戦略にあります。とくに、近代軍事戦略論の代表的な書物として、カール・フォン・クラウゼヴィッツの『戦争論』が非常に有名です。

プロイセン軍将校だったクラウゼヴィッツが『戦争論』において展開した戦略思想は、戦闘を前面に押し出すストレートな決戦に根差しており、今日、「強者の戦略論」と呼ばれています。そのため、どこの国の軍隊でも彼の戦略論は人気があり、いまなお戦略論の王道とみなされています。

以下、『戦争論』の中でクラウゼヴィッツが展開した戦略論の本質について説明してみたいと思います。ただし、ここで述べることは彼の戦略論であって、『戦争論』全体の解説ではないという点にご注意ください。

若きクラウゼヴィッツ

カール・フォン・クラウゼヴィッツは、一七八〇年七月一日にプロイセン王国のマグデブルク近郊のブルクで生まれました。

クラウゼヴィッツ家は貧乏な貴族でした。当時、プロイセンでは、将校になれるのは貴族のなかでも限られた人々でしたが、彼の父ガブリエルもその一人で、クラウゼヴィッツ家ではじめて軍人として下級将校まで昇りつめた人でした。それは、プロイセンが一七五六年に始まったオーストリアとの七年戦争で多くの将校を失ったことと、祖母の再婚相手がプロイセンの上級将校であったこととも関係していました。

クラウゼヴィッツ

退役したガブリエルは徴税官吏《ちょうぜいかんり》として勤務し、四人の息子と二人の娘を育てました。その末息子が、カール・フォン・クラウゼヴィッツでした。彼は、一七九二年に一二歳の若さで士官候補生としてポツダムのフェルディナント親王歩兵連隊に入隊しました。本来なら、入隊が許されるのは一四歳ないし一六歳でしたが、家が貧しかったため、父が軍当局に掛け合って、なんとか入隊できたのです。

クラウゼヴィッツは、中隊の旗手を勤める少年兵となりました。重い軍旗を必死に支える少年兵に、町の人々は暖かくエールを送ったと言われています。まさに、若きクラウゼヴィッツは、プロイセン軍の中で育ったわけです。

そして、二年後の一七九四年に、彼はラインラントのマインツ攻城戦に参加し、少尉に任官しています。当時、所属していた連隊の連隊長の考課表《こうかひょう》によると、クラウゼヴィッツは非常に有能かつ熱心で、しかも頭脳明晰《めいせき》、好奇心旺盛であると評価されています。

そして、一八〇一年に二一歳になると、ベルリンの士官研修所に入り、当時、副校長として着任していたシャルンホルスト中佐のもとで理論的に軍事学を学ぶことになります。シャルンホルストは、当時、プロイセン軍を近代化した人物としてすでに名声を得ていました。クラウゼヴィッツは、シャルンホルストを尊敬し、彼の非公式な軍事協会にも入会し、そこで軍事に関する理論的な理解を深めていきました。こうして、シャルンホルストを生涯の師として仰ぐことになりました。

シャルンホルストも、クラウゼヴィッツの優秀さにすぐに気づきました。そこで、一八〇三年に、彼をフリードリッヒ二世（大王）の甥にあたるアウグスト親王の副官に推挙しました。クラウゼヴィッツは、六年間にわたって副官としての任務を果たしながら、この時期、さまざまな文献を読破していきました。その過程で、マキャヴェリ、モンテスキュー、そしてヘーゲルの影響を受けて、独自の思考様式を育《はぐく》んだと言われています。そして、このとき、将来の妻となるマリー・フォン・ブリュールとも知り合ったと言われています。

クラウゼヴィッツの戦争遍歴

さて、その後、クラウゼヴィッツは、一八〇三年に始まるナポレオン戦争に従軍することになります。ナポレオン率いるフランス国民軍は、イエナでプロイセンの旧式国王軍を粉砕《ふんさい》するとともに、アウエルシュテット会戦でもプロイセン軍を完全に撃破し、一気にベルリンを占領してしまいました。

このとき、クラウゼヴィッツはアウエルシュテット会戦に参加しており、敗走する途中でフランス軍に捕らえられ、一八〇六年にアウグスト親王とともにフランス軍の捕虜になってしまいました。そして、この戦いによってプロイセンの国土の半分がフランスに占領され、プロイセン軍もフランス軍の指揮下に置かれることになりました。

当時、フランス軍は捕虜に関して比較的寛容であったため、クラウゼヴィッツは捕虜の身でありながらもフランス語を学んだり、パリを見学したりすることができました。その後、捕虜交換によって彼は釈放され、フランス軍占領下にあったベルリンに帰還することになります。

釈放後、クラウゼヴィッツはしばらくスイスに亡命し、自由主義作家スタール夫人の食客となりました。そこで教育学の大家ペスタロッチに出会い、その学園などを見学したりしていたと言われています。ベルリンに帰還後は、皇太子の軍事学教官に任ぜられ、二年間にわたってプロイセン皇太子に近世軍事史の講義を行いました。

そして、一八一〇年一二月に、伯爵令嬢マリー・フォン・ブリュールと結婚します。彼女は名門の伯爵令嬢、一方のクラウゼヴィッツは貧しい無名の貴族出身でしたので、この結婚は当時としては異例のものでした。幸いにして、マリーが仕えていたルイーゼ王妃が進歩的な人物であったため、彼女が二人の強い愛情を理解して支援したこととともに、クラウゼヴィッツが皇太子へのご進講の名誉に与《あず》かったことが、マリーの母である伯爵夫人の反対をおさえることになったのです。

プロイセン軍からの離脱

結婚後、一八一二年に、クラウゼヴィッツはロシア遠征に参加します。そして、このとき、彼はフランスとプロイセンが同盟を結ぶことに強く反対しました。そして、そのことを国王に伝えるために、「建白書」を提出しました。

しかし、この意見は聞き入れられませんでした。そこで、あくまでフランスと戦うために、彼は自国プロイセン軍を脱退し、祖国を捨て他国であるロシア陸軍に参加しました。ただ、彼はロシア語ができなかったので、ロシア軍では要職につくことはできませんでした。

　こうした状況で、一八一二年にナポレオンによるロシア遠征が行われます。このとき、クラウゼヴィッツはロシア軍の一将校として戦いに参加しました。ロシア軍が反撃に転じたとき、バルト海沿岸地域でフランス・プロイセン軍とロシア軍が対峙《たいじ》することになったのです。

　このとき、クラウゼヴィッツが参加しているロシア軍と祖国プロイセン軍との間に戦闘が起こる可能性が高まりました。そこで、両軍の衝突を避けるために、彼は両軍の間で停戦を取り決めるタウロッゲン協定の成立に尽力します。彼は、ロシア軍の軍使としてプロイセン軍司令官ヨルク将軍を訪れ、両軍の停戦交渉にあたりました。クラウゼヴィッツの熱心な説得によって、ヨルク将軍は独断で停戦を決意したのです。

　この決断は、結果的にプロイセンにとって非常に有利に働きました。しかし、プロイセン国王一派はクラウゼヴィッツのことを快くは思っていませんでした。ロシア軍の軍服を着て宮中に現れた彼に対して、国王一族は非難囂々《ごうごう》でした。そのため、クラウゼヴィッツは、プロイセン軍への復帰を強く願い出たのですが、なかなか叶いませんでした。その後、クラウゼヴィッツがプロイセン軍に復帰を許されたのは、反ナポレオン解放戦争に参加し、奇襲攻撃によってフランス兵を大量に捕虜にする手柄を立てた後のことです。復帰した翌年のワーテルローの会戦（一八一五年）で、クラウゼヴィッツはブリュッツヘル将軍の軍参謀を務めました。さらに、ナポレオンが敗北した後に、コブレンツの軍団長グナイゼナウの参謀長になることができたのです。

『戦争論』の執筆

こうした戦歴を経て、一八一八年にクラウゼヴィッツは少将に昇進し、プロイセン陸軍士官学校校長を拝命することになります。しかし、彼は国王や貴族（王の親族）たちから依然として危険人物扱いを受けていました。そのため、その職は名ばかりのもので、教育にはほとんど関わることができませんでした。

こうして、ここでの在職一二年間に、戦争の理論研究と執筆に没頭することになります。このときの学生の中に、プロイセン陸軍の命運を担う未来の将帥ヘルムート・フォン・モルトケがいました。

一八三〇年に、クラウゼヴィッツは校長を辞任すると、ブレスラウ管区の第二砲兵監に任命されました。そして、七月革命に影響されたポーランドで暴動が起こると、再び東方監視軍司令官グナイゼナウの参謀長となりました。しかし、翌一八三一年、当時蔓延《まんえん》していたコレラにかかってしまいます。こうして、この年の一一月一六日、ブレスラウの地で五一歳の生涯を閉じました。

クラウゼヴィッツの遺した軍事研究は、夫人の手によって整理され、翌一八三二年に『戦争論』として刊行されました。それゆえ、同書には、彼女の刊行の辞があります。あくまで『戦争論』は、クラウゼヴィッツの手によって推敲《すいこう》されることのなかった未完の書です。それでも、今日に至るまで軍事研究の古典的な地位を占めている不朽の書なのです。

（２）クラウゼヴィッツの戦略思想

基本思想

さて、以上のような経歴を持つ熱血漢クラウゼヴィッツによって書かれた『戦争論』は、実際に戦争で戦った者にしか戦争のことは絶対に分からないという自信とエネルギーに満ち溢れた書物です。机の上で戦争について語ることなど絶対に許さない——そういった強い気持ちを読む者に感じさせます。

ただし、『戦争論』は文字通り、戦争についての研究であって、戦略そのものに関する本ではありません。この点に注意する必要があります。

彼は、戦争というものは、①政治、②暴力、③偶然性という三つの要素からなると考えていました。つまり、①戦争とは政治のための手段として決定され、②暴力をもって憎悪や敵意を持つ相手を徹底的に攻撃するが、③その結果には常に偶然や賭けやリスクが伴うものであるということです。このうち、戦略に関わるクラウゼヴィッツの考えは、②の「暴力」に主として表れています。

クラウゼヴィッツは、戦争の基本単位を一組の決闘と捉え、この決闘の集合が戦争であると考えていました。彼の言葉で言えば、「戦争とは、決闘を拡大したものにほかならない」ということです。このような立場から、彼は、戦争における唯一の戦略的手段、つまり生き残りのための手段が「戦闘」であり、暴力であると規定したわけです。

暴力は非理性的な手段だとか、野蛮人の手段だとされがちですが、結局、人間は暴力に屈し、暴力によって支配されることになる。このことを、彼は戦争経験からいやというほど知っていたのだと思います。

したがって、クラウゼヴィッツは、敵を完全に撃滅し、いっさい抵抗できないようにすることこそが戦いの目的だと考えていました。そして、この目的を達成するために展開さ

図表1　クラウゼヴィッツの戦略思想

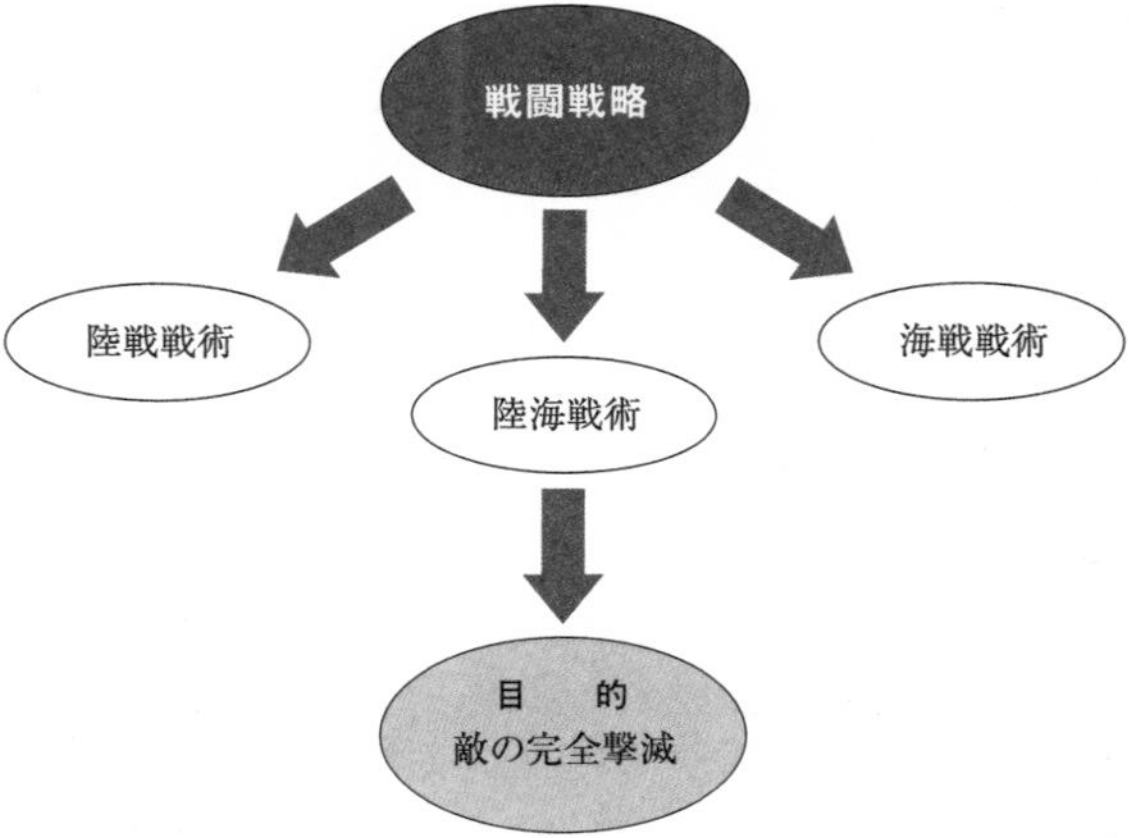

れる様々な戦闘の運用方策が「戦略」であり、個々の戦闘の具体的な実行法のことを「戦術」だとしたのです。これをクラウゼヴィッツの言葉で言えば、「戦術は、戦闘において戦闘力を使用する仕方を指定し、また戦略は、戦争目的を達成するために戦闘を使用する仕方を指定する」ということになります。

　これらの関係を図式化すると、クラウゼヴィッツの戦略思想は図表1のように表されます。戦闘イコール直接的な物理的攻撃という文脈に照らせば、これは「直接アプローチ戦略」(direct approach strategy)と言うことができると思います。そして、そこから、以下に挙げるような強者の戦略思考が導かれることになります。

戦闘の心得

①勝利…戦いでは勝つことがもっとも重要である。たしかに、物理的戦力の損失については大差がない場合が多いかもしれない。あるいは、むしろ勝者のほうの損失が大きい場合があるかもしれない。しかし、敗者が被る最も決定的な損失は退却とともに始まるものであり、その損失は非常に大きい。したがって、戦争では見えるかたちで勝つことが最も重要である。

②絶対戦争…戦闘は暴力の行使であり、暴力の行使には限界がない。それゆえ、総力戦を覚悟し、必要ならば国民総動員で対処しなければならない。この絶対性を緩和するものは、現実的には政治の存在である。

③反人道主義…戦闘を避け、講和ばかりを求める人道主義者の寝言は最悪である。血を流すことを恐れる者は、血を流すことをいとわぬ者に敗れてしまう。

戦闘の方法

④戦闘の目標…戦闘には、攻撃する場合と攻撃され防御する場合がある。攻撃の場合には敵戦力を撃破し、敵の領土を占領することが目標となる。防御の場合には、敵戦力

を撃破し、自国の領土から敵を追い出すことが目標となる。

⑤直接攻撃…戦闘において、指揮官はいたずらに奇策に頼ってはならない。多くの場合、必然的に直接的な攻撃に頼らざるを得ないので、奇策をもてあそぶ余地などはない。万策尽きた場合にのみ、最後に助けとなるのは奇策である。

⑥重点攻撃…敵を撃滅し、目的を達成するためには敵の重点を攻撃する必要がある。重点とは敵の弱点であり、それは敵の軍隊それ自体かもしれないし、敵国の首都かもしれない。あるいはまた、敵国のリーダーであるかもしれない。

⑦兵力集中…戦争は決闘であり、数の優位が勝利にとって決定的に重要となる。それゆえ、決戦においては予備軍を温存することには意味がない。何よりも、敵の主力に兵力を集中させる必要がある。保有する戦力を集中させておくということ以上に重要で単純な戦略上の原則はない。緊急な目的のために派遣する場合以外には、何も主力から分離させてはならない。空間的にも時間的にも戦力を集中する必要がある。

⑧戦力の優越性…戦力が敵よりも優越であることが勝利の基本原則である。しかし、戦力の絶対的な優越性はありえない。与えられた戦闘地域、戦闘時間、戦力を効果的に利用して敵よりも相対的に優越でなければならない。

⑨防御と攻撃…防御は資源の浪費を防ぎ、有利な地形を選択できる。しかし、防御はあ

くまで相手を弱体化させ、敵を追い出すための一時的な行動でしかない。防御が成功して、相手の戦力が大幅に弱体化した時点で、反撃し、逆襲し、そして攻撃に移行する必要がある。

戦闘の終結

⑩攻撃の限界点…攻撃側の戦闘能力は、絶対的に永続するものではない。どんな軍隊でも、その攻撃力は時間とともに衰退していくことになる。その衰退は、相手が反撃することで、加速度的となる。この攻撃側の戦闘力の衰退に比例して戦闘の優勢も低下し、やがて「攻撃の限界点」に達する。この攻撃の限界点を見極めることが重要である。これを無視すると、多くの過《あやま》ちが起こる。

⑪勝利の限界点…当初の攻撃に成功すると、その攻撃を継続してもっと大きな成果を挙げようとする。しかし、達成可能な境界を超えると、敵の大規模な反撃に出あうことになる。勝利には限界点があることを見極めることが重要である。

クラウゼヴィッツの世界観と人間観

以上に挙げたことのほかに、クラウゼヴィッツの『戦争論』にはいろいろなことが書かれています。ただ、その内容があまりにも難解なために、われわれを迷路に導いてしまいます。記述の一つひとつが、一見してバラバラにさえ思えるのです。もちろん、これは、彼の『戦争論』が未完の大著であるということとも関係しているでしょう。

しかし、そこから見えてくるもので最も重要なのは、クラウゼヴィッツの戦略の基底にある世界観と人間観なのです。彼の難解な議論の背景には、一貫して経験からくる自信に満ちた人間の完全合理性の思想と唯物論的な一元論的世界観が潜んでいるのです。

もちろん、このような解釈は彼の思想の一面を捉えたものにすぎず、決してそう解釈できない文章もたくさんあります。しかし、彼の未完の議論を論理整合的に洗練していけば、そういった世界観に到達することになると思います。むしろ、そこまで洗練しきれていないがために、クラウゼヴィッツの『戦争論』は非常に複雑で難解なものに捉えられる可能性もあるのです。

この点を念頭において、彼の戦略をめぐる議論を大胆に読み込めば、複雑に絡まった糸も解けてきます。彼の経験によると、人間は暴力によって人間を完全に支配することができるということ、換言すると、残念ながら人間は暴力によって屈してしまうこと、それゆえ敵の物理的側面を完全に粉砕してしまえば、敵の心は折れてしまうので、心理的側面もまた完全に支配でき、それゆえこちらの意図どおりに敵を完全に服従させることができるというのです。

クラウゼヴィッツは、そのような光景を実際の戦争において、いやというほど目《ま》のあたりにしてきました。したがって、人間の肉体的・物理的側面を支配してしまえば、人間の心も支配できるという絶対的一元論の世界観が、彼にできてしまったのです。

彼のこの考えは、実践に裏打ちされた自信にもとづいており、戦争を経験したことのない人には絶対に分からないという信念が、『戦争論』にはみなぎっているのです。それは、ある意味、非常に危険で恐るべき考え方です。

しかし、この彼の考え方を、われわれは一概には否定できないと思います。人間は非常に弱い存在ゆえ、どうしても暴力や脅しに屈してしまうことがあるからです。おそらく、多くの人たちが一度はこのような経験をしたことがあるのではないでしょうか。

（3）物理的世界の経営戦略と「戦略の不条理」

新古典派経済学

さて、軍事におけるクラウゼヴィッツと同様に、今日、経済学の分野において物理的な世界観にもとづき議論を展開しているのが新古典派経済学です。

新古典派経済学では、市場を構成する経済主体として、基本的に消費者と企業家が想定されます。そして、いずれの経済主体も、完全に情報を収集・処理できるという完全合理的な人間として仮定されています。

このような完全合理的な能力のもとに、一方で消費者は効用を最大化するために自らの労働力を供給し、財を需要します。他方、企業家は利益を最大化するために、労働力を需要し、財を生産し供給します。そして、この多数の消費者と企業家によって、多様な市場が形成されることになります。

ここで、市場において需要よりも供給が多ければ価格は下がります。それでもなお能力のある企業は財を生産・供給しますが、能力のない企業は市場から退出せざるを得なくなります。逆に、供給よりも需要が多い場合には価格は上昇します。この場合、能力のない消費者は財を購入できないので市場から退場し、能力のある消費者だけがこの高い価格でもなお購入できるので市場に残ることになります。

このように、市場価格の変化によって、能力のある人々は市場取引に参入できる一方で、能力のない人々は市場から退出させられるわけです。それゆえ、市場では価格が調整役となって能力のない人々から資源を流出させ、能力のある人々に資源を配分することになるわけです。

この意味で、市場システムは、価格メカニズムのもとに、ヒト・モノ・カネなどの資源を、力のある人々に配分する効率的資源配分システムだと言えるわけです。そして、このことを数学的に証明しているのが新古典派経済学なのです。

しかし、ここで注意しなければならないのは、新古典派経済学では市場を唯一絶対的な効率的資源配分システムとして説明するために、企業を「完全合理的」で「利益最大化」する存在として擬人化し、しかもそのような企業が多数存在し、相互に競争していると仮定していることです。

とくに、企業が多数存在し、互いに競争的であるという仮定は非常に重要です。なぜなら、一社が独占的に支配する市場では、能力がないにもかかわらずその独占企業は自社にとって有利な価格を自由に設定できるので、一方で資源を必要以上に割安に購入し、他方で生産物を必要以上に割高で販売することができるからです。

したがって、企業の数が少ない非競争的な市場では、能力のない企業に資源が配分され、社会全体から見て非効率的な資源の利用が行われる可能性があると言えるのです。これが、新古典派経済学から導き出される重要な理論的帰結のひとつです。

ハーバード学派VS.シカゴ学派

このような新古典派経済学の考えのもとに、米国では一九五〇年代から六〇年代にかけて、国家的観点からさまざまな業界がひとつの企業による独占状態にあるのか、複数の企業による競合状態にあるのかが分析されました。そして、独占状態と判断された業界に対して、政府は反トラスト（独占禁止）法を適用し、独占企業を分割することによって強制的に競争を促進し、社会全体の利益を高めようとしました。

当時、米国では独占禁止法の適用をめぐり、その理論的根拠を与える学問として「産業組織論」という研究分野が発展しつつありました。とくに、この分野で活躍していたのが、E・S・メイスン、J・S・ベイン、R・E・ケイブス、F・M・シェアラーといったハーバード大学の研究者たち（ハーバード学派）でした。彼らは、産業の構造（Structure）が企業行動（Conduct）を決定し、それがその産業の成果（Performance）を決定するという「S→C→P（構造→行為→成果）」パラダイム（枠組み）にもとづいて議論を展開しました。

この「S→C→P」パラダイムでは、業界の「集中度」が産業構造が独占状態か、あるいは複数の企業同士の競合状態かを決定する最も重要な指標とされていました。「集中度」

とは、ある産業内で生産量ないし売上高の上位三社あるいは五社の占有率（マーケット・シェア）の合計を意味します。それが非常に高い場合は、企業が独占的に獲得する利潤率も高いので、この「集中度」は政府が独占あるいは寡占市場政策として、企業分割を含む構造規制を実行する上で最も重要な要因とされていたのです。

このようなハーバード学派の議論に対して、M・フリードマン、G・J・スティグラー、H・デムゼッツなどのシカゴ大学の研究者たち（シカゴ学派）は、業界の集中度の高さは、優れた企業がイノベーションを起こし、競争に勝ち残った結果であり、非難されるべきものではないと反論しました。そして、もしそのような企業が規制の対象となって分割されるならば、誰もイノベーションを起こさなくなってしまうと批判しました。

さらに、シカゴ学派は、ある業界において参入障壁が著しく高く、しかも著しく非効率的な独占化が進むのは、むしろ政府の介入や規制によるものだと批判しました。そのため、シカゴ学派の研究者たちは、規制緩和（反政府介入）と消極的反トラスト政策の実行を強く求めたのです。

こうした論争の中、レーガン政権が一九八〇年代に規制緩和の流れを定着させ、米国の産業政策をめぐってシカゴ学派の考えを積極的に取り入れていくことになります。

しかも、この頃、ハーバード学派の「S→C→P」パラダイムをめぐる反証事例も徐々

図表2　「S→C→P」パラダイム

構　　造(S)

集中度、規模の分布、参入障壁、製品差別化、費用構造、需要の価格弾力性

↓

行　　為(C)

共謀、価格戦略、製品戦略、R&D、広告

↓

成　　果(P)

産業の収益性、産出量の成長、雇用、技術進歩

に出現し始めていました。「S→C→P」の因果論的な流れに反して、逆に企業行為（C）が産業構造（S）に影響を与えるケースや、産業成果（P）が企業行為（C）に影響を与えるケースが確認されたのです。たとえば、企業の特許獲得行為（C）は参入障壁という産業構造（S）に影響を与え、産業成果（P）は企業の研究開発費の大きさ（C）に影響を与えることが確認されました。

　その結果、産業構造（S）を重視するハーバード学派は危機的状況に陥り、シカゴ学派に対抗するための新たな理論武装の必要性に迫られたのです。

ポーターのスタンス

こうした状況で、ハーバード学派の中から登場してきたのが、若きマイケル・ポーターです。

先に述べたように、「S→C→P」パラダイムは、政府が社会全体の利益を高めるために、市場の独占性や競争性を判断するための産業構造の分析ツールとして利用されていました。しかし、ポーターは逆にこれを個別企業が私的利益を追求するための産業構造分析に利用できることを明らかにしました。

彼によると、新古典派経済学が説明する理想的な完全競争均衡状態にある産業は、個別企業にとっては最悪の産業となります。というのも、完全競争均衡状態では、すべての企業の利益はゼロとなるからです。

もし特定の企業の収益がプラスとなっているような業界があれば、他の企業が追随してその業界にどんどん参入してきます。そして、すべての企業の利益がゼロになったところで参入は止まり、完全競争均衡状態になります。このような業界は社会全体としては効率的な資源配分状態にあるのですが、個別企業にとっては魅力のない業界になるのです。

ポーターの「ファイブ・フォース・モデル」（五つの競争要因モデル）

ポーターはハーバード学派の伝統的な「S→C→P」パラダイムを応用し、業界の競争状態を、以下の五つの観点から分析する「ファイブ・フォース・モデル」（五つの競争要因モデル）を提唱しました。そして、個別企業はこのモデルを用いて様々な業界を分析し、競争圧力の強い産業への参入を避け、可能な限り競争圧力の弱い不完全競争状態にある産業を見つけ出して、そこへ戦略的に参入すべきだと主張したのです。

（F１）新規参入の脅威

もし新規参入の障壁が低いなら、その業界の競争圧力は強まる可能性が高く、それゆえそのような業界では企業は製品価格を下げざるを得ないので、利益は低下する。したがって、このような業界への参入は避ける必要がある。

（F２）同業者間の敵対関係

もし業界内にライバル企業が多く存在し、競争が激しいならば、その業界で販売される製品価格は下がるので、収益率は低下する。それゆえ、このような業界への参入は避ける必要がある。

（F３）代替品の脅威

図表3　ファイブ・フォース・モデル

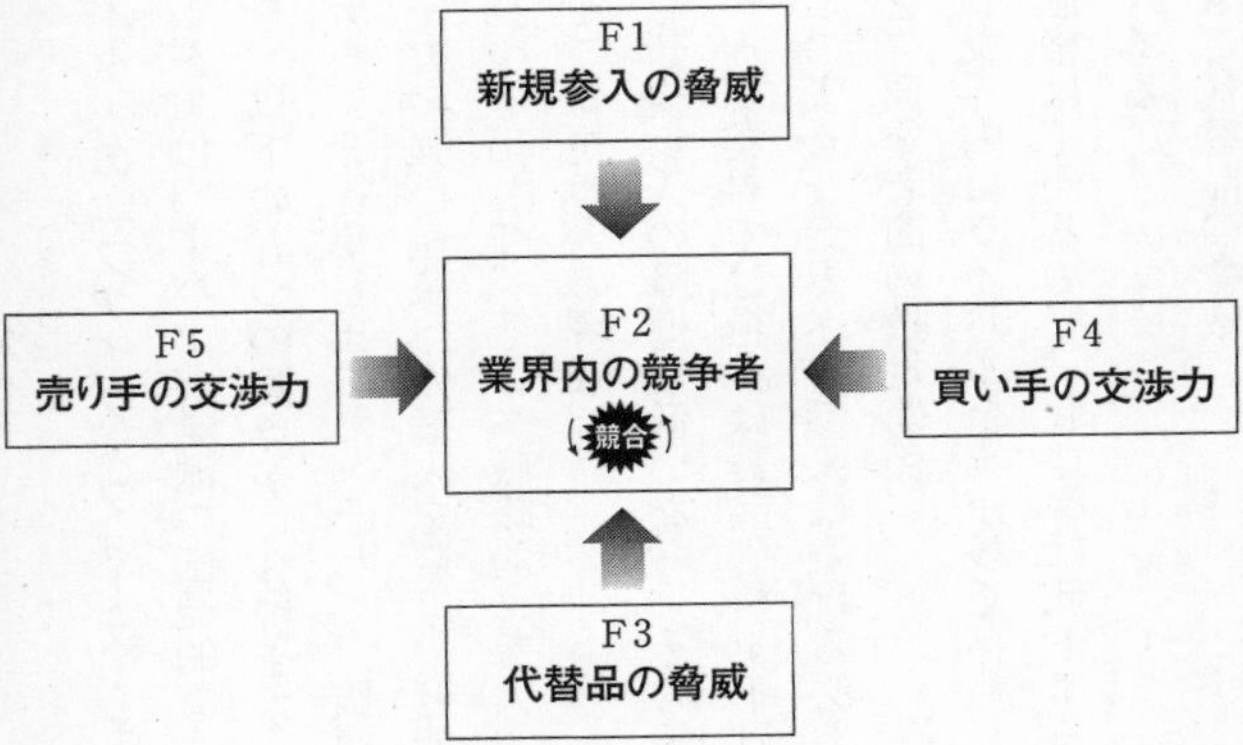

もし潜在的な代替品が多いならば、その業界の競争圧力は強いので、その業界では製品価格を下げざるをえない。それゆえ、このような業界では高い利益を望むことはできないため、この業界への参入は避けるべきである。

（F４）買い手（消費者）の交渉力

もし買い手の交渉力が強いならば、そのような業界の競争圧力は強く、製品価格を下げざるを得ず、それゆえ企業の利益は低下する。したがって、このような業界への参入は避けるべきである。

（F５）売り手（供給者）の交渉力

もし原料や部品などの売り手の交渉力が強いならば、そのような業界では製造コストが上昇するため、企業の収益率は低下する。それゆえ、このような業界への参入は避けるべきである。

ポーターの競争戦略

さらに、ポーターは、この分析で見つけ出した競争圧力の弱い業界に参入する場合、企業がそこで成功するための戦略は以下の三つだと主張しています。

①低コスト構造のもとに製品価格を下げて競争を勝ち抜く「コスト・リーダーシップ戦略」。たとえば、「一〇〇円ショップ」の戦略はコスト・リーダーシップの典型です。日々、安売りを行うことをモットーとしている世界最大の小売業、ウォルマートの戦略もこれです。

②他社との競合を避け、棲《す》み分けるために製品を差別化する「差別化戦略」。たとえば、モスバーガーはマクドナルドと全く逆の高級志向の戦略を展開しています。また、スターバックスも他社と差別化を図るために濃くて香りの強いコーヒーで勝負しています。

③これら二つのいずれかの戦略を特定の地域や対象に対して集中的に展開する「集中戦略」。たとえば、農機具メーカーのクボタは日本の農家だけをターゲットとし、狭い農地に対応する軽量・小型農機具の製造・販売にビジネスを集中しています。

図表4　ポーターの競争戦略

		戦略の優位性	
戦略のターゲット		顧客に特異性が認められる	低コスト構造
	業界全体	**差別化**	**コスト・リーダーシップ**
	特定セグメント	**集中**	

ただし、ポーターはコスト・リーダーシップ戦略と差別化戦略の両立は難しいと主張しました。というのも、そこには経済的なトレードオフが存在するので、コスト優位と差別化優位をともに追求すると、いずれの効果も中途半端になってしまうからです。ポーターはこれを「Stuck in the Middle（中途半端はダメ）」とし、このような企業はえてして失敗例になってしまうと主張しました。

資源ベース理論

以上のように、ポーターの競争戦略論は基本的にハーバード学派の「S→C→P」パラダイムにもとづく状況決定論的、あるいは環境決定論的な戦略論です。つまり、業界構造が企業行動を決定し、その結果、成果が生まれるという因果論的なフレームワークにもとづいています。

図表5　パソコン業界

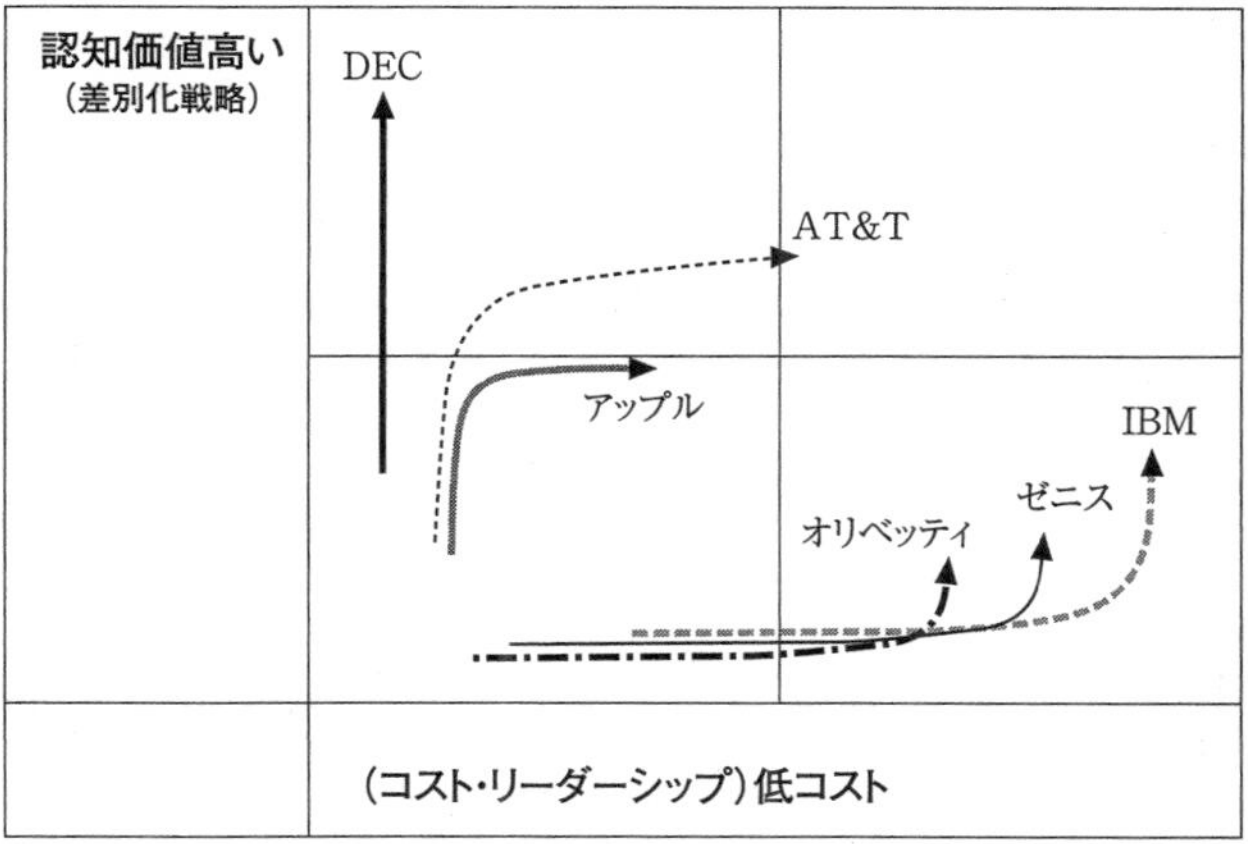

出典：Gilbert and Strebel（1988）P.76

ここで、もし彼の議論が「S→C→P」にもとづいているとすれば、同じ業界（S）で成功している企業群がある場合、それらの企業はいずれも同じような戦略行動（C）を展開し、プラスの成果（P）をあげている可能性があります。

しかし、実際には、同じ業界内（S）でも異なる戦略行動（C）を展開して成功している企業群が存在していることが様々な実証研究から分かってきました。たとえば、パソコン業界は、ポーターの議論に反して、はじめに業界内でコスト・リーダーシップ戦略を展開していたIBMやゼニス、オリベッティなどのグループと、差別化戦略を

図表6　資源ベース理論のイメージ

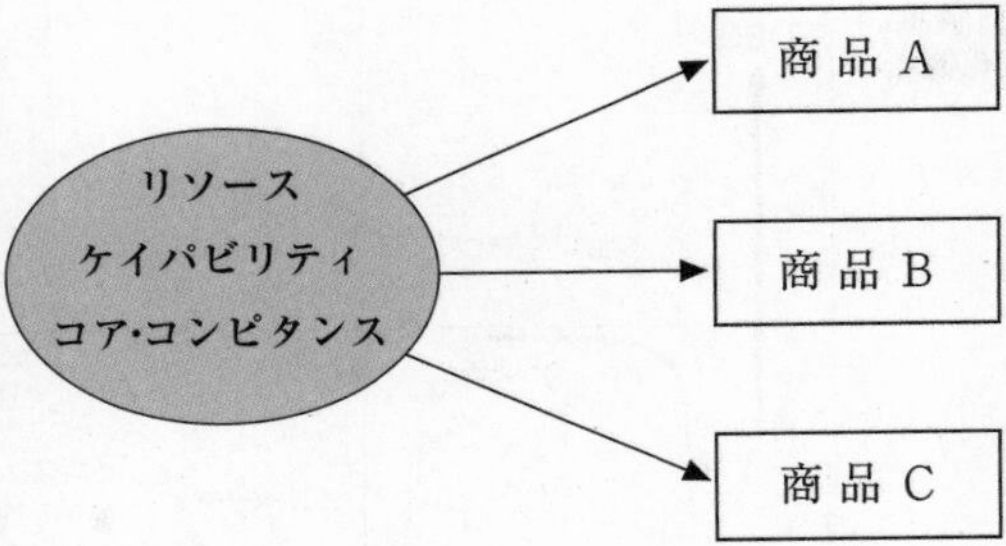

展開していたDECやAT&T、アップルなどのグループに分かれ、ともに成功して併存していました。しかも、やがて業界内のすべての企業が二つの戦略を併用するようになり、ここでも二つの戦略を両立させることは難しいというポーターの主張は成立しませんでした。

　このような事実から、企業の戦略行動は環境によって決定されるのではなく、実は企業内部にある固有の資源、つまり遺伝子のようなものにもとづいて決定されているのではないかという議論が登場してくるわけです。

　企業にはもともと固有の資源、リソース、ケイパビリティ（組織能力）、コア・コンピタンス（中核能力）が存在し、それにもとづいて企業は戦力を特定の事業に集中したり、低価格化戦略や、差別化戦略、多角化戦略を展開したりして競争優位を築くのではないか。

これが、バーガー・ワーナーフェルト、ジェイ・B・バーニー、デイビッド・ティースたちによって展開された資源ベース理論の考え方です。つまり、ポーターの環境決定論に対抗して、彼らは遺伝子決定論を展開したわけです。

しかし、彼らの議論も、基本的には戦力を集中し、目に見えるかたちで低価格化戦略や差別化戦略を展開して競争に勝ち抜こうというものです。その点では、物理的世界を前提とするクラウゼヴィッツと同じ、力と力の戦略論の一種にすぎないのです。

ブルー・オーシャン戦略

ポーターの主張に反して、低価格戦略と差別化戦略は同時に可能だというのが、W・チャン・キムとレネ・モボルニュによって展開されているブルー・オーシャン戦略です。

彼らによると、ある企業がある製品の差別化に成功していても、必ず他の企業によって模倣されるので、やがて製品は均質化します。そして、そこから価格競争へと移行し、最終的に企業は赤字覚悟で競争し合い、互いに傷つけあうことになります。彼らは、このような市場を「レッド・オーシャン」、つまり〝血みどろの海〟だと呼ぶわけです。

しかし、自社の製品を徹底的に分析したうえで、一方で何かを減らしたり排除することによって低価格を実現し、他方で何かを増やしたり新たに付加することによって製品の差別化を徹底的に進め、新しい価値を生み出すこと、すなわち「バリュー・イノベーション」ができるならば、これによってレッド・オーシャン化した競争市場から抜け出すことができる。こうして、企業は競争のない〝青い海〟の市場「ブルー・オーシャン」へと進むことができるというのです。

ブルー・オーシャン実現ツール1

では、どのようにして低価格戦略と差別化戦略を同時に実現することができるのでしょうか。そして、どのようにして企業はブルー・オーシャンへと進むことができるのでしょうか。

キムとモボルニュによって、そのためのツールやフレームが数多く提示されていますが、その中でも、「戦略キャンバス」と「四つのアクション」が中心的ツールとなっていますので、これを紹介してみたいと思います。

まず、戦略キャンバスとは、自社の取り組みと他社の取り組みとを比較できるツールのことです。横軸が競争要因を、縦軸がそのレベルを表します。そして、各競争要因の評価を示すそれぞれのポイントを結び合わせた線が「価値曲線」と呼ばれる曲線です。これによって、業界標準に対して自社がどの位置にいるのかを認識することができるのです。

図表7　ワイン業界の戦略キャンバス

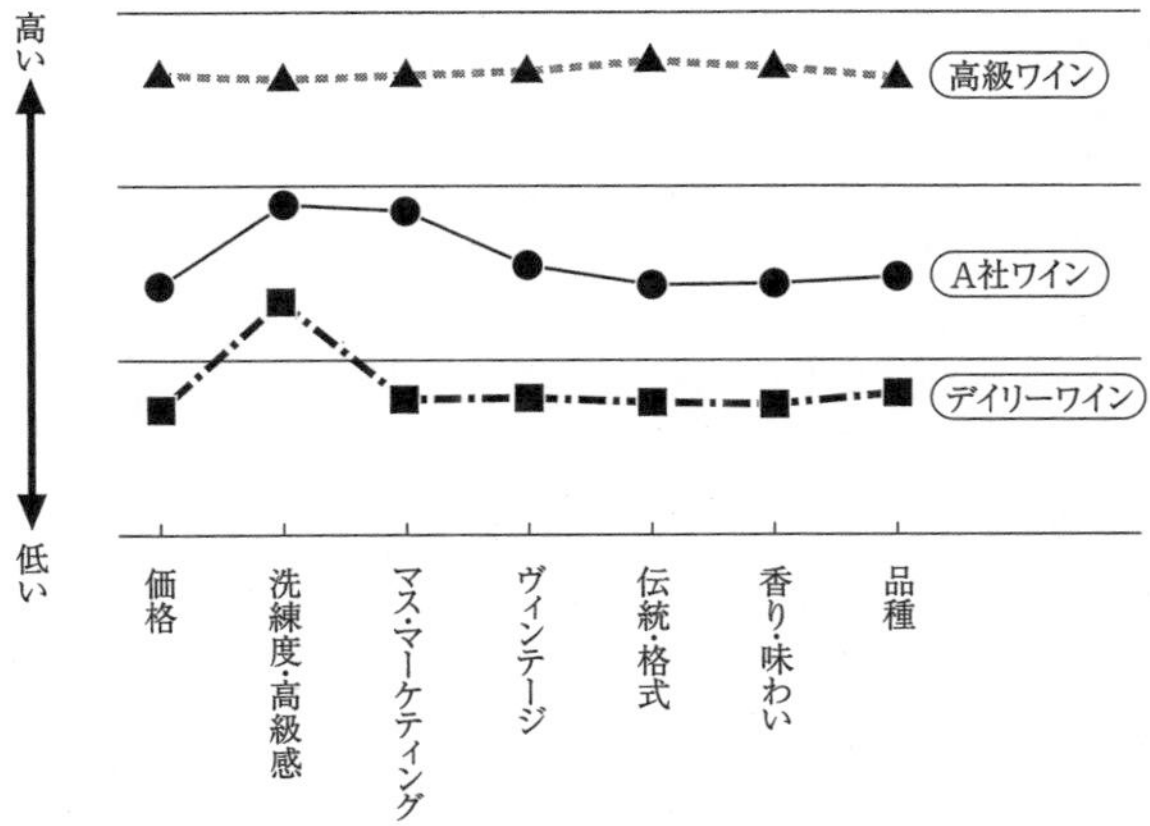

たとえば、ワイン業界のA社について分析してみましょう。ワイン業界の競争要因は、以下のように七つにまとめることができます。①一本あたりの価格、②パッケージの洗練度・高級感、③マス・マーケティング、④ヴィンテージ、⑤ワイナリーの伝統や格式、⑥香りや味わい、⑦品種です。

これらの七つの観点から分析し、それらをスコア化して線で結べば、高級ワインとデイリーワインという二つのワイン業界の標準と、A社のワインの特徴を図表7のように曲線で描くことができます。これらの曲線が価値曲線であり、それを見ることで、業界標準に対して自社がどの位置にいるのかを認識することができるわけです。

ブルー・オーシャン実現ツール2

そして、ブルー・オーシャンを創造するための具体的なプランを立てるためのツールとなるのが、「四つのアクション」モデルです。これは、「取り除く」、「増やす」、「減らす」、「付け加える」という四つの観点から、自社の事業を再整理し、戦略キャンバスに新しい価値曲線を描き出す方法です。

四つの観点をさらに詳しく言うと、以下のようになります。

①業界の常識として製品やサービスをめぐって取り除くべきものは何か
②業界の標準と比べて思いきって減らすべき要素は何か
③業界の標準と比べて大胆に増やすべき要素は何か
④業界でこれまで提供されていない、それゆえ今後新たに加えるべきものは何か

ここで、①「取り除く」と②「減らす」はコスト削減に結びつき、③「増やす」と④「付け加える」は差別化と結びつくことになります。

図表8　A社の戦略キャンバス

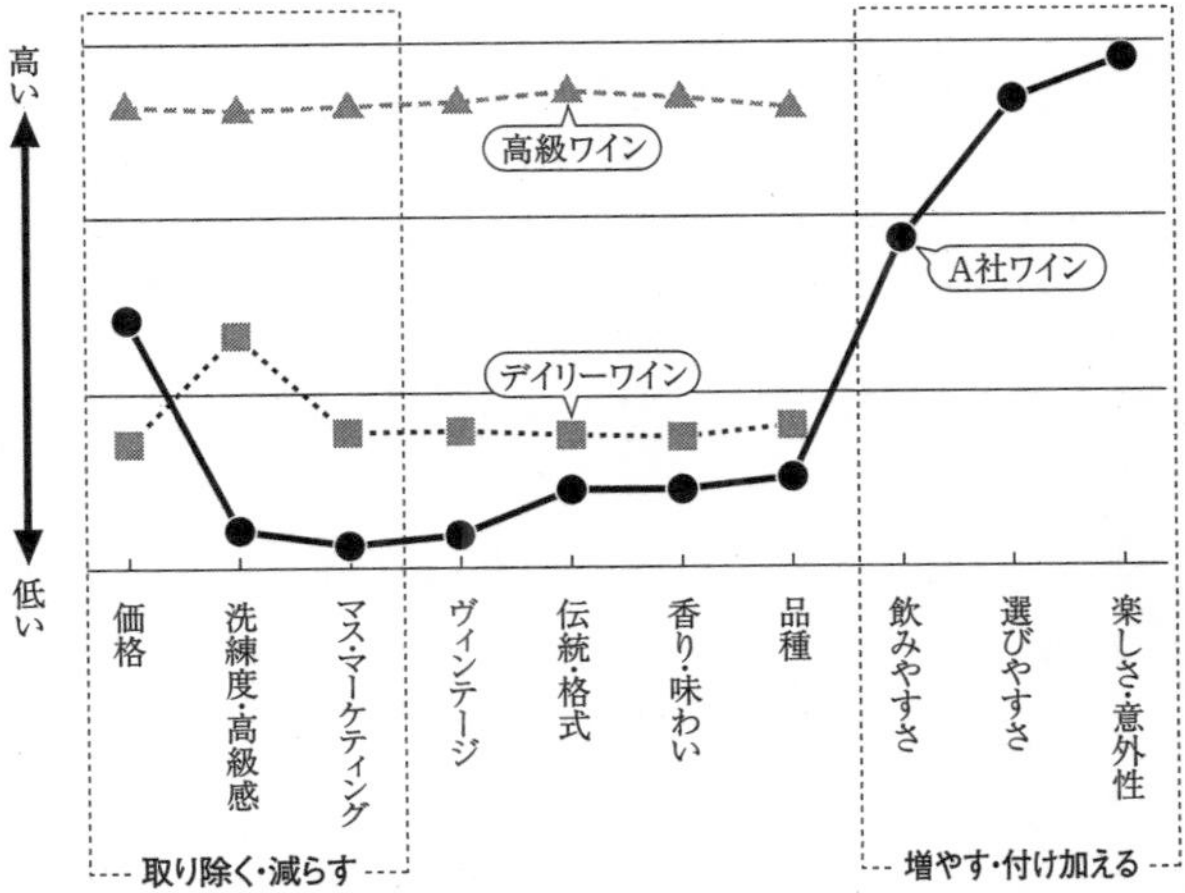

たとえば、先のワイン業界のA社の製品を「四つのアクション」モデルにもとづいてつくり直してみましょう。まず、A社をめぐってマス・マーケティングと格式を「取り除き」、ヴィンテージとワインの極意、謳《うた》い文句を「減らし」、飲みやすさと選びやすさを「増やし」、意外性と楽しさを「付け加える」ことにします。

そして、これらの内容を戦略キャンバスに反映すると、A社の新しい戦略キャンバスは、図表8のようになります。このとき、A社の価値曲線は他社とまったく異なるものとなります。つまり、A社のワインは、一方で「取り除」いて「減らした」部分によって低コストが実現され、他方で「増やし」「付け加えた」部分によって差別化されることになるのです。こうして、A社は競争のない新しい市場空間の扉を開くことができます。つまり、レッド・オーシャンからブルー・オーシャンに移行する可能性が生まれるわけです。

このように、チャン・キムとレネ・モボルニュは、ポーターの主張に反して「コスト・リーダーシップ戦略」と「差別化戦略」はともに両立可能だと主張しました。しかし、彼らの議論も基本的にはポーターのパラダイム内の議論にすぎません。彼らの主張の成否については、もう少し時間が必要かもしれません。

アノマリー（変則事例）

以上のように、マイケル・ポーター以来、経営戦略論の分野ではさまざまな議論が展開されてきました。しかし、いずれの議論も戦力を集中して、より安くより高品質な製品を製造・販売し、力と力で戦って勝つ企業が生き残るという議論であり、それは新古典派経済学の考え方の枠組みを一歩も出ていません。

ところが、一九八〇年代に、このような新古典派的な考えに対して、決定的な反証事例が経済史家のポール・デビッドによって発見されます。彼が事例として注目したのが、コンピュータのキーボードの文字配列でした。普段、われわれが使っているキーボード上段の文字配列は、左からＱＷＥＲＴＹ……となっています。このランダムな文字配列の不思議にデビッドは気づいたのです。

この文字配列は、一九世紀に完成したものです。当時はタイプライターの性能が悪く、早く打つと文字を打ちつけるアームが絡《から》まるという問題がありました。そして、この問題を解消するために、指の動きができるだけ遅くなるように考案されたのが、「ＱＷＥＲＴＹ《クワーティ》配列」でした。

しかし、その後タイプライターは電動化され、コンピュータが登場し、そしてより効率的な文字配列も考案されたにもかかわらず、いまだにＱＷＥＲＴＹ配列が採用されています。なぜか。それは、ＱＷＥＲＴＹ配列が効率的な配列だったからではありません。まったく偶然に採用され、いつの間にかデファクト・スタンダード（事実上の標準）になってしまっていたからです。

これに類似した事例は他にもあります。コンピュータのＯＳにおいて、なぜマッキントッシュが敗れ、ウインドウズが買ったのか。また、なぜソニーの家庭用ビデオ、ベータ・マックス方式がビクターのＶＨＳ方式との競争に負けたのか。果たして、ウインドウズのほうがより効率的なＯＳだったのでしょうか。本当にＶＨＳ方式のほうがより効率的な方式だったのでしょうか。むしろ逆だったとも言われています。

こうした現象は、必ずしも市場は最善の答えを出すわけではないということを意味しています。つまり、製造コストが安く、より技術的に優れた商品が常に市場を支配するわけではないということ、それゆえ物理的世界を対象とする新古典派経済学やそれにもとづく経営戦略論には限界があることを示唆しているのです。

物理的世界と戦略の不条理

では、なぜこのような現象が起こるのでしょうか。これまで様々な議論がなされてきましたが、理由は少なくとも二つあると思われます。第一に、新古典派経済学の仮定とは異なって、人間は完全合理的ではなく、限定合理的だということです。つまり、人間はすべてを完全には認識できないのです。第二に、人間は物理的世界だけでなく、主観的な心理的世界の住人としても生きており、そんな人間の心理的バイアスが行動に影響を与えているからです。

このように、今日では物理的世界とは別に、心理的世界もまた実在していることを前提に戦略を展開する必要があります。そうでなければ、企業がある製品を生産する上で戦略的な努力を積んで物理的世界において変化を起こしても、消費者の心理的世界において変化を起こすことができなければその製品は売れず、企業は物理的世界においては合理的に行動しているにもかかわらず、淘汰されてしまう可能性があるのです。つまり、「戦略の不条理」に陥ることになるわけです。

現代を生き抜くためには、企業は多元的世界観に立ち、物理的世界とは別に心理的世界も実在していることをしっかりと認識し、それぞれの世界に対してそれぞれ固有の戦略を展開していく必要があるのです。そうすることによって戦略をめぐる合理的失敗、つまり戦略の不条理を回避できるのです。

これと同様のことを軍事の面で考えたのが、英国の軍事戦略家バジル・ヘンリー・リデルハートでした。そして今日経済学の分野で、人間の心理的世界を分析してその行動を説明しようとしているのが、行動経済学です。次に、これらについて説明してみたいと思います。

第4章 リデルハートと心理的世界の戦略論

軍人において、人間は完全合理的ではなく限定合理的であり、しかもクラウゼヴィッツが重視した物理的世界とは別に、人間の心理的世界も独立して存在していることに明確に気づいたのは、英国の軍事戦略家リデルハートでした。彼は物理的世界とともに心理的世界の実在性を認めながら、新しい軍事戦略論を展開しました。

リデルハートは、軍事の世界では直接的な物理的攻撃だけでは敵に勝つことはできないと主張しました。何よりも、敵の心理に対して間接的に攻撃をしかけることによって、ときには戦わずして敵に勝つこともありうることを明らかにしたのです。

他方、今日ビジネスの世界でも心理的世界の実在性が注目され、人間行動に与える心理的影響を分析する行動経済学（behavioral economics）が注目されています。この研究は、二〇〇二年にノーベル経済学賞を受賞したダニエル・カーネマン、エイモス・トヴェルスキー、二〇一七年に同賞を受賞したリチャード・H・セイラーたちによって積極的に展開されています。彼らは物理的世界とは別に、人間には心理的世界があり、それゆえ物理的世界の観点からみていくら優れた製品をつくっても、その製品が売れる保証はまったくないことを明らかにしました。

以下、まずリデルハートの軍事戦略論を紹介し、次に、行動経済学について紹介してみたいと思います。最後に、両者のような二元的戦略論でも、なお戦略の不条理に陥る可能性があることを明らかにしてみたいと思います。

（1）リデルハートの世界観と人間観

リデルハート

強者の戦略と弱者の戦略

近代軍事戦略論の代表的な名著としては、先に述べたカール・フォン・クラウゼヴィッツの『戦争論』と、バジル・ヘンリー・リデルハートの『戦略論――間接的アプローチ』が非常に有名です。

一七八〇年生まれのプロイセン軍将校クラウゼ

ヴィッツが展開した戦略思想は、先に述べたように戦闘を前面に押し出すストレートな決戦に根差しており、「強者の戦略論」と呼ばれています。

これに対して、一八九五年にイギリスのブルジョワ家庭に生まれた軍人で歴史家、そしてジャーナリストでもあったリデルハートの戦略思想は、『孫子』の兵法の影響を強く受け、戦闘をできるだけ回避しようとする不戦の考えが貫かれています。そのため、彼の戦略思想は「弱者の戦略論」と呼ばれ、軍人にはあまり人気がありません。

完全合理性と限定合理性

しかし、このような単純な比較は、間違った結論を導き出す恐れがあります。両者の本当の違いは、決戦か不戦か、あるいは強者か弱者か、という点にあるのではありません。どのような立場に立って戦略論を展開しているのかにあります。とくに、以下に挙げるような人間観と世界観の違いが両者の戦略論を決定づけているのだと思います。

まず、人間は完全な認識能力を持ち、頭で合理的に考えたことをそのまま実行できるという「完全合理性」の立場に立って戦略論を展開しているのか。あるいは、人間の能力は限定されており、意図としては合理的であろうとするが、実際には必ずしも合理的ではないという「限定合理性」の立場に立って戦略を展開しているのか。この人間観の違いが問

図表1

	クラウゼヴィッツ	リデルハート
基本的前提	完全合理性の人間観 一元論的世界観	限定合理性の人間観 二元論的世界観
戦略思想	直接アプローチ戦略 暴力・武力による絶対的で完全な支配・征服・勝利の獲得	間接アプローチ戦略 暴力･武力のみならず非暴力･非武力（心理的･経済的効果）を駆使した優位な均衡状態の達成

題となります。

次に、世界観の違いです。世界で最も存在感があり、最も重要なのは物質的な世界であり、それと関わることなくしてどのような存在もありえないという唯物論的な世界観に立っているのか。あるいは、世界は物理的世界だけではなく、それとは独立して心理的世界も存在しているという二元論的な世界観に立っているのか。

これらの立場のうち、完全合理的な人間観と唯物論的な一元論的世界観の立場に立って決戦戦略を説いてみせたのがクラウゼヴィッツであり、限定合理的な人間観と物理的世界と心理的世界の二元論的立場に立って不戦戦略を説いてみせたのがリデルハートなのです。

若きリデルハート

では、リデルハートとはどのような人物だったのでしょうか。

彼は、一八九五年にパリのイギリス人牧師の家庭に生まれました。幼い時から、航空機や戦争ゲーム、そしてチェスに異常な関心を示していたと言われています。軍事に関心を持っていた彼は、一三歳で海軍学校に入学しようとしましたが、体が弱かったために身体検査で不合格になりました。

結局、ブルジョワ家庭に生まれた彼は、一般にその子弟が学ぶ名門パブリック・スクール（私立学校）のひとつであるセント・ポール校に入学します。彼は決して成績優秀だったわけではありませんが、古典の成績だけは非常に良かったと言われています。

その後、ケンブリッジ大学に進学して、歴史学を専攻します。一方で彼は、高校時代や大学時代にいろいろな新聞や雑誌に投稿する投稿マニアでもありました。

そして、ケンブリッジ大学で最初の一年が過ぎた後の一九一四年に、第一次世界大戦が勃発します。

当時、英国には徴兵制がなかったので、志願制のもとに軍隊が編制されました。一か月間で五〇万人の人々が集められ、友達グループからなる「友達部隊」や証券会社で働く人

たおやかに輪をえがいて

窪 美澄

風俗に通う夫、危険な恋愛に耽る娘。結婚20年、穏やかに収束するはずだった主婦・絵里子の人生に家族の〝秘め事〟がつきつけられ……。〈解説〉島本理生

●880円

ここだけのお金の使いかた

アミの会 編／大崎 梢・図子 慧・永嶋恵美・新津きよみ・原田ひ香・福田和代・松村比呂美

書き下ろし

給料は安いし、貯金も少ない。ムダなお金は一円だって払えません！　七名の人気作家が「お金」にまつわる悲喜こもごもを描いた、短篇小説アンソロジー。

●770円

壮士《おとこ》

母への想いと、出自の葛藤に引き裂かれる帝――国のおおもとを揺るがす天皇家と藤原氏の相克を背景に、東大寺大仏を建立した聖武天皇の真実に迫る物語。

●836円

日本の敗色濃厚な大戦末期。相剋するふたりの美しい少女が、目覚め、祈るとき……。新しい世界の物語が始まる。特別書き下ろし短篇収録。〈解説〉瀧井朝世

●880円

源平、南北朝、戦国、幕末
この国の歴史は何者か
れている。武士の千
いを一冊に刻ん
小説。特別書
録。

●946円

2022 12

今月の新刊 RASEN PROJECT

カルトからの大脱出
鯨 統一郎

青二才で候《そうろう》
吉森大祐

新編
尻尾のある星座
村田喜代子

黒真珠
恋愛推理レアコレクション
連城三紀彦

瘋癲老人日記
谷崎潤一郎
〈書き下ろし註解を付した新版〉
●1100円

月《つき》人壮士
澤田瞳子
●792円

コイコワレ
乾《いぬい》ルカ

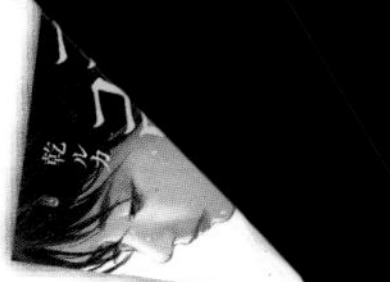

●880円

もののふの国
天野純希

●770円

に操ら
年に亘る
だ驚愕の歴史
き下ろし短篇を

●770円

けじゃ、

化!

朝井リョウ　伊坂幸太郎
大森兄弟　薬丸 岳　吉田篤弘
天野純希　乾 ルカ　澤田瞳子
(刊行順)

中面へつづく▶

RASEN PROJECT

〈螺旋プロジェクト〉とは?

ある「共通ルール」のもと、
原始から未来まで続いた、
二つの種族の対立を描く

8作家が同時に連載して
小説世界を作り上げた、
世界で唯一の共作企画

これは
争い合う
運命の人々が、
時代を超えて、
手を取り合う
までの物語。

中央公論新社　https://www.chuko.co.jp/
〒100-8152 東京都千代田区大手町1-7-1 ☎03-5299-1730(販売)
◎表示価格は消費税(10%)を含みます。◎本紙の内容は変更になる場合があります。

第3弾 2022年12月21日 発売

中世・近世 **天野純希**

『もののふの国』

★巻末付録 特別書き下ろし短篇

昭和前期 **乾 ルカ**

『コイコワレ』

★巻末付録 特別書き下ろし短篇&解

古代 **澤田瞳子**

『月《つき》人《ひと》壮士《おとこ》』

★巻末付録 解説

三作を繋ぐモチーフ

お守り

木片に渦巻きのような模様が彫られたお守りが、三作すべてに登場する。所有者が命の危機に直面したとき、このお守りが一度だけ身代わりになると言われているが……？

『天使も怪物も眠る夜』

★巻末付録 あとがき&もうひとつのエピローグ

RASEN PROJECT

たちからなる「株屋部隊」などが編制されました。そして、リデルハートもイギリス陸軍を志望し、大学の将校養成センターで訓練・教育を受け、英陸軍臨時将校として一九一四年一一月から西部戦線に送られていくことになります。

当時、ヨーロッパは戦争から五〇年間も遠ざかっていました。そのため、若者に戦争の記憶はありませんでした。イギリス国民として、多くの人々がこの戦争に参加することを熱望しましたが、そんな彼らも、この戦争はせいぜいクリスマスまでには終わると楽観的に考えていたのです。

リデルハートもまた、戦争をロマンにあふれた大規模なピクニックあるいは荒々しい冒険のようなものと考えていたと述べています。また、戦争は女性に対して男らしさを示すロマンティックな機会でもあり、国家のために死ぬことほど高貴なものはないとも考えていたのでした。

しかし、実際の戦争は、リデルハートの想像を遥かに超えた残虐で悲惨なものでした。くわえて、多くの人々の予想を裏切って、長期化していきました。リデルハートは、戦場で熱病にかかったり負傷したりして二度も本国に送還されることになります。

そして、三度目の派遣である一九一六年七月のソンムの戦いでは、ヨークシャー歩兵隊の大隊の指揮官として参加しました。しかし、この戦闘で英国陸軍部隊は壊滅し、六万人もの死傷者を出しました。彼は、負傷したものの、辛うじて生き残り、イギリスに帰国したのでした。

第一次世界大戦で戦死した将校の多くは上流階級出身であり、その子弟を教育するパブリック・スクールや、オックスフォード大学、ケンブリッジ大学の学生たちや卒業生たちでした。第一次大戦では、彼らの約四分の一が戦死したと言われています。

戦略思想の形成

このような戦争体験を経て、リデルハートの考えは一変しました。戦争で母国のために死ぬことは確かに高貴なことではあっても、何よりも悲惨なことに変わりはないと考えるようになったのです。

そして、彼は戦後、歩兵戦術の改革に取り組むことになります。西部戦線では、機関銃が威力を発揮したため、彼は機関銃チームを主力にして歩兵はそれを支援するという戦闘の基本形を考案します。

さらに、「目的達成のために要する人的物的損害を最小化する」ことへの問題意識を強く持つようになり、第一次大戦の体験は後に彼が提唱する「間接アプローチ戦略」の原点になったと述べています。そして、悲惨な結果を残すだけの「勝利」ならば戦争の目的としての価値はないとし、「戦後の平和」という構想を欠いた勝つことだけにこだわる戦争指導はもはや無意味だという考えに至るわけです。

一九二七年に、彼は陸軍を退役しました。そして、軍事に関わる作家、そしてジャーナリストとして、『モーニング・ポスト』『デーリー・テレグラフ』『ザ・タイムズ』などに軍事記事を寄稿するようになります。また、陸軍大臣ホーア・ベリッシャの非公式なアドバイザーにもなりました。そして、一九二九年に出版された彼の著書『歴史の決定的戦争』において、初めて彼の名声を高めることになる「間接アプローチ戦略」を打ち出しました。この新しい戦略思想は、彼のその後の著作でも繰り返し論じられていくことになります。

やがて一九三九年に、第二次世界大戦が始まります。このとき、リデルハートは英国がドイツと総力戦を行うことに強く反対しました。彼はあくまで外交交渉を駆使して、英国はナチス・ドイツと単独講和を結ぶべきだと主張したのです。しかし、この主張は、彼の名声を大きく損なうことになります。

当時、リデルハートはドイツ軍を過小評価し、敗北するのは時間の問題だと考えていました。彼は、英国でもそれほどうまくいっていない軍隊の機械化を、再軍備したばかりのドイツ軍が完了しているとは思ってもいなかったのです。このような認識のもとに、彼が主張する間接アプローチ戦略思想にもとづき、ドイツを壊滅的な敗北に導くような総力戦は非効率的であり、こうしたクラウゼヴィッツ流の力による攻撃は英国の財政を圧迫するだけだと考えていたのです。

ところが、実際にはドイツ軍はすでに機械化を完了しており、電撃戦で大国フランスをはじめ、連合国軍をあっという間に破っていきました。しかし、ここでもリデルハートは、同様の主張を繰り返します。そして、大戦後期の一九四三年にチャーチルが徹底抗戦によって枢軸国の無条件降伏を目指すことを決定したときにも、反対の覚え書きを政府に送りつけたりしたのです。

このように、リデルハートは戦時中であったにもかかわらず、自らが主張する間接アプローチ戦略のもとに、一貫してドイツとの総力戦を避け、外交交渉を通じてドイツとの単独講和を行う必要性を主張し続けました。そのため、彼は人々から弱腰の敗北主義者とみなされてしまったのです。

晩年

しかし、戦争が終わると、リデルハートは再評価されることになります。ドイツ軍の電撃作戦が、実は彼が主張していた間接アプローチ戦略にもとづいて展開されていたことが、後々分かってきたからです。さらにドイツが敗北して退いた隙間地域をソ連が占領しようとしていることを正確に予想したため、この点でも彼の名声は高まりました。

こうした状況下で、リデルハートは自分が一貫して主張してきた間接アプローチ戦略の妥当性を戦史によって示すために、著書『戦略論――間接的アプローチ』を執筆しました。この本は英語圏で広く読まれ、クラウゼヴィッツに批判的なリデルハートの考え方が英語圏では優勢になりました。

リデルハートによると、ナポレオンの決戦志向を理論化したのはクラウゼヴィッツであり、敵の軍事力の撃滅を最善とするクラウゼヴィッツの戦略思想を、彼は「直接アプローチ戦略」と呼んで批判しました。

そして、このクラウゼヴィッツの戦略思想こそが、第一次大戦に参加した国々の残虐な行為を正当化し、戦争における暴力の絶対性を決定づけたのだと主張しました。その結果として無分別な軍人が数多く生まれ、ヨーロッパ各国が正面攻撃による消耗戦に突入していったのだと批判したのです。

さらに、その総力戦が戦争における非人道的行為を促進し、銃後の熱狂を煽動《せんどう》することによって平和の達成を不可能にしたのだとも言いました。そして、その戦争の絶対性の極限として第二次大戦が勃発し、最終的に原子爆弾の登場に至ったのだと主張したのです。

晩年、リデルハートの「ステート・ハウス」には世界中の訪問客が訪れ、そこで彼と戦争に関する議論をしています。平和を望むなら、戦争について理解する必要があるというのが、彼の考えでした。一九六六年にナイトの称号を授与され、その四年後の一九七〇年に死去しています。

（2）リデルハートの間接アプローチ戦略

基本思想

では、リデルハートが展開した戦略論とは、具体的にはどのようなものだったのでしょうか。

彼は、人間は武力によって他の人間の心まで奴隷化することはできないと考えていました。「面従腹背」という言葉があるように、人間は表面的には恭順《きょうじゅん》の意を表しつつも、胸の内では復讐心を燃やしている可能性があります。それゆえ、力、暴力、戦闘による直接アプローチ戦略だけでは戦争が終わることはなく、むしろ、復讐の連鎖を生み出すだけだというのです。

また、リデルハートは、戦争を戦力の集中であるとするクラウゼヴィッツの考えは誤っていると主張しました。敵も戦力を集中してくるので、単なる戦力の集中は殴り合いにしかならないし、全戦力の集中は実現性に乏しい理想にすぎないと一蹴したのです。

彼は、人間の能力には限界があり、それゆえ人間は限定合理的で、さらに人間は物理的で肉体的な存在であるだけではなく、心理的な存在でもあるという二元的な存在であると考えていました。こうした前提に基づいて展開される固有の戦略論こそが、彼の間接アプローチ戦略論の本質であると言っていいでしょう。

それゆえ、リデルハートは、戦争の目的とは、目先の力による敵の完全撃滅と強制的服従ではないと考えます。能力の限られた人間が目指すべき究極の目的は、何よりも戦後の平和を確立することで、そのために敵の脅威を可能な限り排除し、敵が負けを認めて自らの意志で投降してくるように仕向け、最終的に有利なかたちで、しかも戦闘が再開しないかたちで兵力を均衡に持ち込むことだと主張しました。

したがって、戦争の目的は、戦後の平和をめざして敵の抵抗の可能性を消滅させることであり、この目的を達成するために、戦略は「運動」と「奇襲」の要素から組み立てられる必要があると主張したのです。

このように、リデルハートにとって戦略とは、クラウゼヴィッツのように目先の勝利という目的を達成するための方法ではありません。戦後の平和の確立を念頭において様々な手段を分散して適用するアート（技法）であると彼は考えたのです。

間接アプローチ戦略

ところで、リデルハートは、戦う前の自軍の状況が敵に比べて有利であればあるほど、逆に戦闘や武力行使は少なくなると言います。極端に言えば、有利な状況に導かれれば、それだけで戦闘することなく敵は戦意をなくしてしまうものだと言うのです。

前述のように、リデルハートの考える戦略の完成とは、熾烈《しれつ》な戦闘を仕掛けて敵を完全に撃滅することではなく、戦後の平和を見据えて事態を決着に持ちこむことです。たとえば、敵の完全屈服を求めず、ただ自国の安全の維持のみを求めている国家の場合を考えてみると、その国家は敵の脅威を排除するか、敵が戦いを放棄するように導くことでしょう。

こうした目的を達成するためには、物理的な破壊行為だけを繰り返すクラウゼヴィッツ流の直接アプローチ戦略だけでは十分ではないのです。

リデルハートによると、敵が自らの意志で投降しやすいように、心理的・外交的な間接アプローチ戦略を積極的に展開することが重要だというわけです。その上で、直接アプローチ戦略を補完的に利用することで、より効果は高まると主張しています。

戦闘は、戦略目的を達成する様々な手段のひとつにすぎません。戦闘に訴えることが適している状況においては、そうすれば迅速に効果を収めることができるでしょう。しかし、戦闘手段に訴えることが適さない場合もあるのです。戦闘手段を必要とする場合がすべてではないということです。

リデルハートは物理的攻撃を検討するにあたり、決して心理的側面を考慮することを忘れてはならないとし、敵の物理的側面への攻撃のみならず心理的側面への攻撃をも併用した場合にのみ、敵のバランスは崩れ、まさに計算された真の「間接アプローチ」が可能になるのだと主張しました。

たとえば、敵に対してその配備の後ろに回って攻撃するといった戦闘行動は、敵が配備を変更すれば、直ちに直接対決となり、直接アプローチ戦略となってしまいます。代わりに、敵が配備を変更しないように、事前に攪乱《かくらん》行動として「牽制」することは、ひとつの間接アプローチ戦略となります。

それでは、このような攪乱行動を戦略的に行うとすると、どのようなものになるでしょうか。リデルハートは、①敵の配備を混乱させること、②敵兵力を分断すること、③敵の補給を危機に陥れること、④敵の足場固めのための路線を脅威に晒すことだと言います。

こうしたリデルハートの間接アプローチ戦略は、一般に弱者の戦略と言われています。しかし、彼によると、歴史をみれば、このような戦略こそが多くの成功を収めてきたのであり、大英帝国の軍事政策としても実際に試みられてきたのだというのです。敵に直接打撃を与えるというリスクの高い行動をとるよりも、「とげ」でたびたび刺して敵を弱らせ、徐々に兵力を弱体化させることによって目的を達成できることのほうが歴史的には非常に多いというのです。

とくに、リデルハートは、次の二つのアプローチが重要であるとしました。

第一に、「最小予期線」を攻撃する間接アプローチ戦略です。これは、敵が心理的に最も予期していないような攻撃を展開することを意味します。そのためには、まず敵が対抗して動いてくる可能性を予想し、その上で敵の心理の裏をかく。ここでは、どのような作戦が最も物理的に効率的かといったような単純な消去法ではなく、あくまでも敵の心理を徹底的に攪乱することが重要になります。

第二に、「最小抵抗線」を攻撃する直接アプローチ戦略です。これは、物理的に敵の抵抗が最も弱いと考えられる箇所を徹底的に攻撃することを意味します。ただし、補給路などの最小抵抗線を選択すれば、敵にすぐに見破られてしまうので、それは真の最小抵抗線とは言えません。あくまで敵の意表を突くような最小抵抗線を見つけて、そこを攻撃する必要があるのです。

グランド・ストラテジー

　さらに、リデルハートはこれらの間接アプローチ戦略と直接アプローチ戦略を体系的に結びつけて実行するために、「グランド・ストラテジー（大戦略）」（grand strategy）の重要性を強調します。それは、戦後の平和を見据えて二つのアプローチ、つまり間接アプローチ戦略と直接アプローチ戦略を駆使して、相手を殲滅させるのではなく、有利なかたちで均衡に持ち込み、戦争を終結させるより高次の戦略です。

　グランド・ストラテジーとは、リデルハートの言葉で言えば、一国または一連の国家群のあらゆる資源を目的達成に向かって調整することです。グランド・ストラテジーを実行する上で、経済的資源、物質的資源、精神的資源は非常に重要な資源となります。それはまた軍と産業間の資源配分をも規定することになります。したがって、敵に対しては、経済的圧迫、外交的圧迫、貿易上の圧迫、そして意志を弱体化させる精神的圧迫を加えることもグランド・ストラテジーのひとつです。

　さらに、グランド・ストラテジーは、戦後の平和まで考慮に入れて展開されます。通常の戦略は、単に軍事上の勝利に関する問題であるのに対して、グランド・ストラテジーはより長期的な見方に立ち、いかにして戦後の平和を勝ち取るかを問題とするより高次の戦

図表2　リデル・ハートの戦略思想

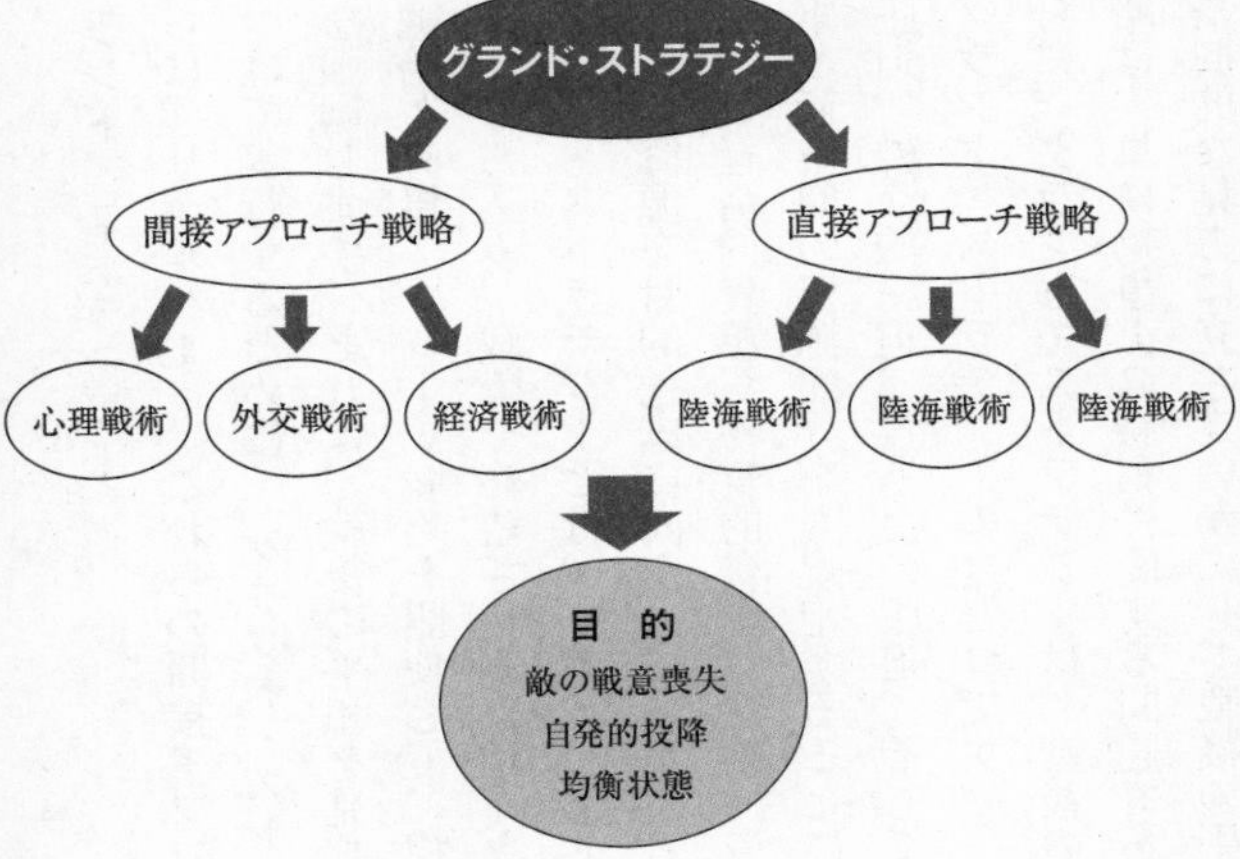

略なのです。

　このようなグランド・ストラテジーの概念図を示すと、図表2のようになります。このグランド・ストラテジーのもとに、間接アプローチ戦略だけを用いて敵が自発的に降伏すれば、「ベストな戦争」となります。まさに、『孫子』で言う「相手の上をゆく最上の勝利法」となるのです。その他の場合では、まず間接アプローチ戦略によって敵を徹底的に動揺させ、その上で直接アプローチ戦略を効果的に実行し、敵が自ら降参してくれれば「ベターな戦争」となります。

　開戦時から直接アプローチ戦略にもとづくストレートな物理的攻撃だけを徹底して仕掛ければ、一時的な勝利は期待できるかもしれません。しかし、勝利の美酒に酔いしれる間もなく復讐の連鎖が起こり、戦争の終結は遠ざかることになります。これは、愚かな戦いです。このような戦略が戦争を泥沼化させるのは必至です。テロ撲滅を謳ったアメリカによるイラク戦争を引き合いに出すまでもないでしょう。暴力によって他人の意志を支配し、強制することはできないという人間の限定合理性をしっかり認識しなければなりません。

間接アプローチの限界

以上のようなリデルハートが主張する間接アプローチ戦略は、実はナチス・ドイツのアドルフ・ヒトラーがオーストリアやチェコスロバキアを戦わずして併合したときに取った戦略でした。ヒトラーは、戦争を嫌うイギリスのチェンバレン首相の心理を察知して強気の外交を展開し、直接戦うことなくして二つの国を併合することができたのです。

しかし、ヒトラーにはもともとグランド・ストラテジーという戦略思想はありませんでした。そのため、やがてクラウゼヴィッツ流の直接アプローチ戦略一色に染まっていくことになります。というのも、彼は人間が限定合理的であるという事実と人間の心理的世界について十分な認識を持っていなかったからです。無意識のうちに、物理的世界の一元論と人間の完全合理性の立場に立ってしまっていたわけです。

これに対してリデルハートは、何度も繰り返しますが、人間の限定合理性について深く理解していました。さらに、彼は物理的物体の世界とともに、人間の心理的世界もまた並存していることを理解していたのです。人間は破壊や暴力によってのみでは他の人間の心理まで完全に征服し、支配することはできない——その認識がいかに重要であるかを彼は知っていたのです。

(3) 心理的世界の経営戦略と「戦略の不条理」

さて今日、経済学・経営学の分野においても、人間の行動に決定的な影響を与えているものには、物理的要因だけでなく心理的要因もあるという考えにもとづいて、積極的に心理的世界の研究が進められています。それは、行動経済学あるいは経済心理学と呼ばれている研究分野です。この分野の研究は現在、最も人気があると言ってもいいでしょう。

レファレンス・ポイント

この分野の研究は多様ですが、ダニエル・カーネマン、エイモス・トヴェルスキー、リチャード・H・セイラーたちによって展開されているものでは、まず人間の心理には、

「レファレンス・ポイント」（参照点）があることが明らかにされました。それは、人間が物事を認識し評価するときに参考にする心理的な基準点であり、それは一人ひとり異なっています。

たとえば、いま二人の人間が最近一か月間の自分の資産の増減について、次のような報告を受けたとしましょう。

A氏：資産が四〇〇〇万円から三〇〇〇万円に減少した。

B氏：資産が一〇〇〇万円から一一〇〇万円に増加した。

どちらが幸せでしょうか。

従来の新古典派経済学では、最終的な富の絶対額が効用の大きさを決定することになるので、最終的に残る富の額が一一〇〇万円のB氏よりも三〇〇〇万円のA氏のほうがより幸せな状態だということになります。

しかし、調査の結果、多くの人がB氏のほうが幸せだと答えています。なぜでしょうか。それぞれ初期状態をレファレンス・ポイントとして、A氏は一〇〇〇万円損をし、B氏は一〇〇万円得したと考えるからです。

もうひとつ例をあげると、たとえばＡさんは銀行でいつも五分待つことに慣れているとしましょう。この場合、Ａさんは五分を基準にして待たされた時間の長短を認識し評価します。すなわち、五分がＡさんのレファレンス・ポイントであり、Ａさんはこの五分と比較して「思ったよりも早かったので得した」とか、「思ったよりも遅かったので損した」などと考えるわけです。

このように、現在では多くの実験・調査の結果から、人間はレファレンス・ポイントにもとづいて相対的に判断して行動しているということが確認されています。

感応度逓減と損失回避

このレファレンス・ポイントを基準に、自分の予想よりも高い水準の結果は「利益」と認知され、それが増加すれば得られる心理的価値は増大します。他方、レファレンス・ポイントより低い水準の結果は「損失」として認知され、その幅が大きければ心理的価値は減少し、心理的に不満足が増大することになります。

しかし、人間の心の中にはバイアスがあるために、利益と心理的価値（満足）は正比例しません。実際には、標準的な経済学の効用理論のように、利益が増加すればするほど、心理的価値の増加率は逓減《ていげん》することになります。つまり、利益に対する感応度は、利益が増えるにつれて鈍くなっていくわけです。このような特性は、「感応度逓減」と呼ばれています。

　このことは、多くの実験から検証されています。たとえば、給料が一〇万円から一三万円に上がった場合のほうが、給与が一〇〇万円から一〇三万円に上がった場合よりも、同じ三万円の増額でも大きな喜びを感じるのです。

　また、新古典派が前提とする完全合理的な人間にとっては、一単位の相対的利益の増加から得られる心理的価値の大きさと一単位の相対的損失によって発生する心理的価値の減少の大きさは対称的であり、それゆえその絶対値は同じものになると仮定されています。

　しかし、現実の人間にとっては、一単位の利益の増加から得られる心理的価値の大きさよりも、一単位の損失によって失う心理的価値のほうが大きいのです。つまり、人間は得る喜びよりも失うショックのほうが大きいわけです。

　たとえば、たいていの人は、一万円を獲得する確率と一万円を失う確率が同じ五〇％であるクジを引くことを拒みます。確率が同じであるにもかかわらず、このクジを拒否する人が多いということは、同額の利得と損失では損失のほうをより大きく評価することを意味しているのです。それゆえ、人間は損失を回避しようとする傾向があるといえるのです。

図表3　価値関数

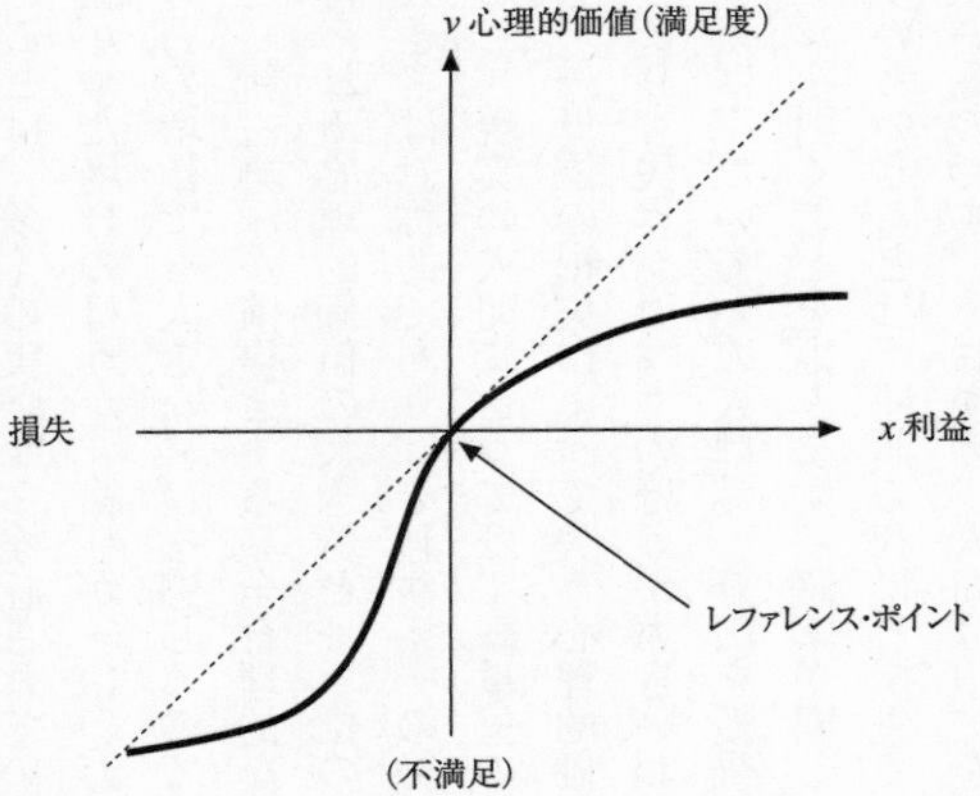

価値関数

以上のような限定合理的な人間の心理的世界の特性は、図表３のようにＳ字の価値関数で表されます。

図表３の中心点が、限定合理的な人間の主観的なレファレンス・ポイントを表しています。この点よりも高い水準の結果が出ればそれは利益であり、その利益が大きければ心理的価値（満足）も高まることになります。これに対して、レファレンス・ポイントよりも低い結果が出れば、それは損失であり、その損失が大きければ心理的価値も低くなります。

また、図表３のレファレンス・ポイントを境に、相対的利益が増加すればするほど、心理的価値（満足）が比例的に高まるのではなく、増加率は逓減することになります。これが限定合理的な人間の特徴とされる「感応度逓減」です。

さらに、この図表3では、利益が横軸に一単位増加して得られる心理的価値（満足）よりも、損失を一単位生み出すことによって失う心理的価値（不満足）の方が大きいという限定合理的な人間の「損失回避」の性格も表現されています。

価値関数と人間行動

このような限定合理的な人間の心の特徴を表す価値関数にもとづいて人間の行動を説明しようというのが、プロスペクト理論と呼ばれる行動経済学の中心的な理論なのです。

この価値関数によると、もし人間がプラスの心境にあるならば、図表4のように何らかのアクションを起こしてさらに多くの利益を得ても、心理的価値は大きく上昇しません。これに対して、もしアクションを起こして失敗すると、心理的価値は利益を得る場合よりも急勾配で下がることになります。それゆえ、プラスの心理状態にあるときには、あえてアクションを起こさず現状に留まることが心理的観点からすると合理的となるのです。つまり、プラスの状態にある場合、人間はリスク回避的となるわけです。

これに対して、もし人間がマイナスの心理状態にあるならば、図表4のように何らかの

図表4　価値関数と現状維持行動

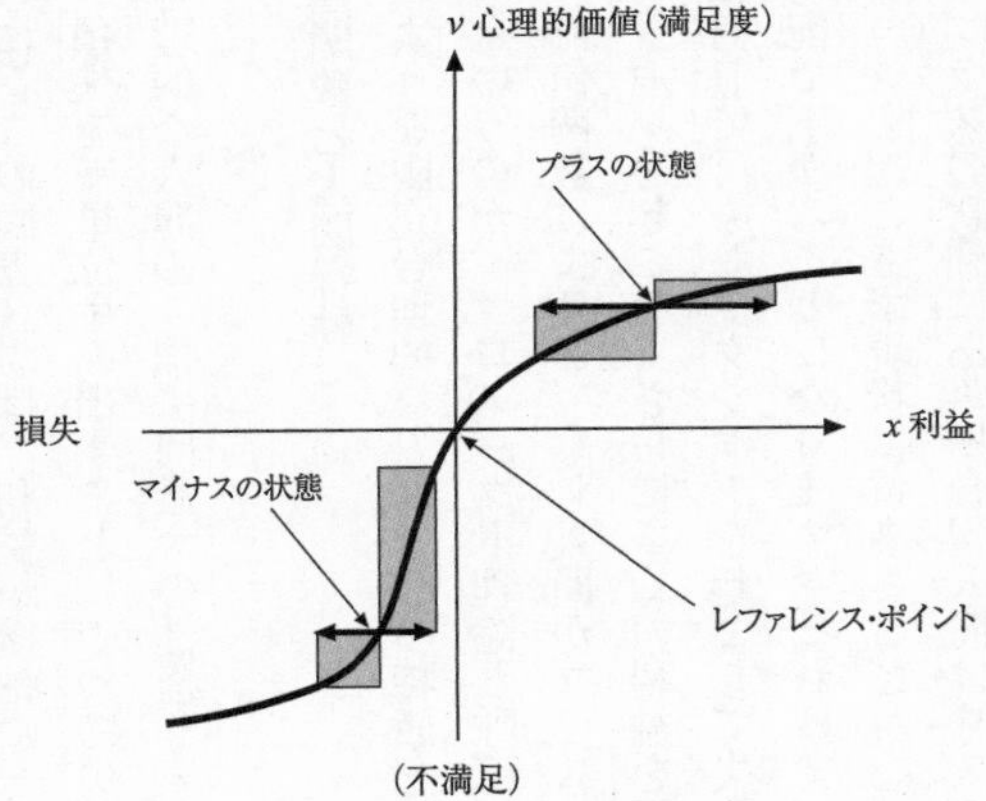

アクションを起こして失敗し、さらにマイナスが増えたとしても、それほど心理的価値は下がりません。これに対して、何らかのアクションを起こして少しでもプラスになれば、心理的価値は急速に高まることになります。それゆえ、人間はマイナスの心境にある場合には、たとえリスクが高くても、あえてアクションを起こすことが心理的には合理的となるのです。つまり、マイナスの状態にある場合、人間はリスク愛好的となるわけです。

心理的世界と戦略の不条理

以上のことから、もし消費者がいま使っている製品に対してある程度満足しプラスの心境にあるならば、たとえ物理的により安くより優れた新製品が販売されたとしても、消費者はこの新製品へ移行しない可能性が高いと言えます。それは一見、非合理的な行動に見えますが、実は心理的観点からすると非常に合理的な行動となるのです。

　前章でも挙げた、非効率的な配列といわれているキーボードのＱＷＥＲＴＹ配列も、その配列をめぐって何かマイナスの事態が発生しなければ、たとえより効率的な配列が新たに登場したとしても、人々はそれに乗り換えようとはしないでしょう。それは、物理的観点からすると非合理的ですが、心理的観点からすると合理的な行動なのです。

　したがって、消費者を引き寄せるためには、消費者をマイナスの心境に追い込むような何らかの間接アプローチ戦略が必要となるのです。たとえば、自動車に関していうと、劇的に燃費効率を向上させるなどのモデルチェンジに成功すれば、現在、プラスの心境で自動車を保有している人の心理状態はマイナスに追い込まれる可能性があります。というのも、自分は地球環境によくない自動車を保有しているという心境になるかもしれないからです。この場合、車の買い替えをひかえていた人々が、買い替えに積極的になる可能性が出てくるのです。

　それゆえ、人々に製品を購入させるには、物理的世界への直接的アプローチだけではなく、心理的世界への間接アプローチも必要なのです。

しかし、このように物理的世界と心理的世界の二つの世界へ合理的にアプローチしたとしても、なお企業が生存できる保証はありません。というのも、もうひとつの世界が実在しているからです。それは、人間の知性によって理解される知識的世界です。この世界の存在を無視し、物理的世界と心理的世界だけで合理的に行動して環境に適応しようとすると、知識的世界の変化に対応できなくなって淘汰されてしまうという「戦略の不条理」に陥る可能性があるのです。

この知識的世界を大いに利用して新しい戦略を展開したのは、ドイツの天才将軍エルヴィン・ロンメルです。また、この知識的世界の住人である目には見えないコスト、すなわち「取引コスト」の存在を発見したのが、ノーベル賞を受賞したロナルド・コース、そしてオリバー・ウィリアムソンです。次に、この第3の世界に関わる彼らの戦略思想について紹介してみたいと思います。

第5章　ロンメルと知識的世界の戦略論

今日では、物理的世界、心理的世界とは別に、われわれが知性によって認識できる世界、つまり知識的世界が存在していることを理解する必要があります。そのような世界は、権利、知識、技術などの概念からなる世界です。インターネットの普及とともに、それらの存在感は大きくなっており、現代ではビジネスの中心的な対象となっている世界でもあります。

軍事の世界でこの知識的世界を巧みに利用し、これまでにない新しい次元の戦略を展開してみせた人物が、ドイツの将軍エルヴィン・ロンメルでした。彼が第二次世界大戦のアフリカ戦線で展開した戦略は、前例のない非常に洗練されたものでした。それは、物理的世界や心理的世界だけではなく、知識的世界をも対象とする戦略だったのです。

一方、経済学・経営学の分野で、この知識的世界の存在である見えないコスト、すなわち知性によって把握されうる「取引コスト」を発見したのは、ノーベル賞を受賞したロナ

エルヴィン・ロンメル

ルド・コースやオリバー・ウィリアムソンたちです。彼らによって、会計上に表れるコストとは異なる、この取引コストが人間の選択行動に大きな影響を与えることが明らかにされました。

ここでは、知識的世界をフルに活用したロンメルの戦い方を紹介するとともに、この知識的世界に存在する取引コストが、ビジネスの世界での戦略行動にどのように影響するのかを紹介してみたいと思います。そして、この知識的世界の存在を認識することなくして、軍事でもビジネスでも効果的な戦略が展開できない、つまり「戦略の不条理」に陥ることを明らかにしてみたいと思います。

（1）ロンメルの人間像

戦争の達人

「戦争の達人（マスター・オブ・ウォー）」と呼ばれたのは、ドイツのエルヴィン・ロンメル以外に存在しません。彼は、小隊から大軍団まであらゆるレベルの軍隊組織の指揮に卓越した能力を発揮しました。また、ロンメルはドイツ国民に人気があっただけではなく、不思議なことに当時の敵国のイギリス人にも人気がありました。

戦争においては、報復が報復を生み、ルールも秩序も無視した残虐な戦いに陥りやすいものです。こうした中、ロンメルは一貫して戦争法規を守ろうと努めました。そして、そのことをただちに感じとった英国軍もこれに応えようとしました。こうして、人類史上最も悲惨な戦争と言われた第二次大戦中で、騎士道精神がアフリカ戦線に現れたのです。

ロンメルをめぐっては、「戦争の達人」をはじめ、「砂漠の狐」「電撃戦」「幽霊師団」などのたくさんの愛称やメタファーが存在しています。これらの多彩な愛称には、まさにロンメルの戦略の真髄が表現されているのです。このことについて、ここでは紹介してみたいと思います。

第一次大戦まで

エルヴィン・ロンメルは、一八九一年にドイツのシュトゥットガルトの東方ハイデンハイムの町に数学教師の子として生まれました。一九一〇年に彼は士官候補生として歩兵連隊に入隊、その翌年、順調にダンツィヒ士官学校に入学し、卒業後、予定通り歩兵少尉となりました。

一九一四年、第一次大戦が勃発します。ロンメルは、このとき北イタリアで功績をあげ、これによってプロイセン最高の勲章であるプール・ル・メリット勲章を授与されました。この戦闘で、彼は敵の意表を突く山越えの迂回作戦を鮮やかに展開し、わずかな兵力で一五〇〇人以上ものイタリア兵を捕虜にしてしまったのです。この功績によって、ロンメルは大尉に昇進し、一時的に参謀の職にもつきました。

しかし、その後はパッとしませんでした。ドイツ軍は、伝統的に貴族出身者で固められていたため、貴族出身ではないロンメルには光があたるようなポジションは用意されていなかったのです。

ヒトラーとの出会い

ドイツは第一次世界大戦に敗れてしまいます。その後、ロンメルはドレスデン歩兵学校の教官となり、そこで一九三七年に『歩兵の攻撃』という本を出版、これがベストセラーとなりました。そして、この本が偶然アドルフ・ヒトラーの目にとまり、ロンメルは一九三九年にヒトラーの親衛隊司令官に任命されることになったのです。

先に述べたように当時、ドイツの上層部は貴族の出身者で固められていましたが、ヒトラーは平民出身者の実力者を見つけて抜擢するという大胆な人事を行いました。そこには、保守本流の正統派人脈を分断して弱体化させようとする意図がありました。こうしたヒトラーの人事政策のもとに、平民出身のロンメルが頭角を現してきたわけです。

一九三九年三月のチェコ侵攻当時、ロンメルは歩兵大佐であり、歩兵の専門家でした。しかし、ポーランド戦の後の一九四〇年二月に、彼は突然ヒトラーに頼み込み、第七装甲（戦車）師団長に志願しました。そして、これをヒトラーは受け入れました。

当時、戦車師団の指揮をとりたいと望む将軍は大勢いました。こうした状況で、戦車部隊に一度も属したことのないロンメルを第七装甲師団長に任命するというこの人事に、保守的なドイツ軍将校たちは極めて批判的でした。

しかし、ロンメルは電撃的な西方作戦において自ら前線で陣頭指揮し、敵前線に突破口をあけるという功績をあげました。あの有名な「電撃戦（ブリッツクリーク）」です。こうした活躍によって、ポーランド戦ではまったく目立たなかった第七装甲師団が、ロンメル指揮のもとに華麗に再編され、生まれ変わったのです。

ロンメルの戦い方

西方戦線が開始された翌日の一九四〇年五月一一日、マース川を越えてやってきたフランス軍と衝突し、激戦となったとき、ロンメルの才能が発揮されました。彼は、まず伏せて相手を偵察し攻撃するという伝統的戦術はとりませんでした。彼は装甲車を利用して、従来の軍事の常識では考えられない速度で突撃していったのです。しかも、制止することなく、先手を打って徹底的に相手に砲火を浴びせかけるという無謀とも言える積極果敢な戦術を用いました。

さらに、先頭のオートバイ部隊は、常に機関銃を発射できる態勢で前進し、敵発見と同時に射撃を開始する。たとえ、敵の正確な位置が分からなくとも、機関銃や20ミリの対戦車砲を徹底的に撃ちまくる。これが陣頭指揮するロンメルの得意な戦法でした。物理的観点からすると非常に無駄に思えるこの攻撃も、心理的観点からすれば、撃ち続けることによってフランス軍の士気をくじくという効果があることを彼は十分認識していたのです。

そして、ロンメルは自ら部隊と行動を共にして将兵を直接指揮することで、英国軍が無線を一部の戦車と司令部の間でしか使用していなかったのに対し、通信の暗号を可能な限り簡素化し、戦車間無線を駆使して組織内のコミュニケーション・コストを徹底的に節約しました。彼は、兵器の物理的性能以上に、このような情報システムの重要性を知っていたのです。

こうした戦術のもと、ロンメルは昼夜を問わずに作戦行動を展開しました。そのため、ロンメル率いるドイツ第七装甲師団は夜間もぶっ通しで快進撃を続け、前へ前へと突進し続けていきました。その神出鬼没の活躍によって、彼の軍隊は「幽霊師団」の名を戦史にとどめました。ロンメル率いるドイツ装甲師団が前進するにつれて沿道に火の手があがり、ドイツ装甲師団の到着を告げるノロシのように炎はフランス北部に広がっていったのです。

（2）アフリカ戦線でのロンメルの戦略

このようなロンメルの一連の功績は、ヒトラーによって高く評価されました。そして、ロンメルは装甲師団長としてアフリカ戦線へ送り込まれることになるのです。

しかし、この北アフリカ作戦は、ヒトラーにとっては想定外の小さな作戦でした。リビアのイタリア軍があまりにも弱く惨敗していたので、ムッソリーニの立場を守り、また彼の裏切りを抑止するために、ドイツ軍が援護するという程度のものだったのです。それゆえ、もともと大量の軍事資源を投入するつもりはなかったわけです。

こうした不十分な兵力の中、ロンメルは次々に勝利を収めていきました。連戦連勝で戦闘を拡大するロンメルと、それを抑止しようとする参謀本部との間で何度も激しい対立が起こります。このとき展開した彼の戦略は、次のような三つの実在世界を対象とする新しい立体的大戦略だったのです。

物理的世界での直接アプローチ

ロンメルの戦い方の特徴のひとつは、陸軍の戦いに海軍の戦い方を徹底的に応用する点にありました。

彼は、海戦において、射程の長い大砲を持つ戦艦が必然的に優位に立つことを知っていました。このことは、砂漠でもまったく同じだと彼は考えていたのです。このような海軍式の戦法を応用することに反対の陸軍参謀たちに対して、彼は「戦争に趣味や規則は必要ない。必要なのは必ず勝てる手段を発見して実行することだ」と言って説得しました。

彼は、具体的には敵戦車の砲撃用に、威力の大きい88ミリ高射砲を利用しようとしました。防空用である高射砲は本来、水平射撃ができる構造になっていません。しかし、彼はこれを何とか工夫させ、最終的に水平に射撃できるように改良させたのです。

結果的に、このドイツ軍の88ミリ砲は砂漠での戦いに非常に効果的でした。高射砲が、英国軍の戦車を貫通してバターのように溶かしたのです。この88ミリ砲による攻撃こそが物理的世界におけるロンメルの直接アプローチ戦略でした。

心理的世界での間接アプローチ

しかし、アフリカ戦線でのロンメルの戦略は、このような物理的世界におけるイノベーションと力の行使だけではありませんでした。彼は、力を行使する前に英国軍の心理的世界に対して間接アプローチで攻め立てたのです。

アフリカ軍団の司令官として、一九四一年二月一二日にリビア戦線に着任するやいなや、トリポリに戦車工場をつくり、ニセ戦車を数多く生産させました。それは、フォルクスワーゲンに木枠を載せ、カンバスで擬装したものでした。そして、これを各所に配置して、英国軍を牽制したのです。ニセ戦車は、遮蔽物《しゃへいぶつ》のない砂漠では非常に大きな効果を発揮し、これによって英国軍は心理的に攪乱され、動揺しました。

また、ある戦いでロンメルは、戦車隊を隊列の先頭におき、その後に砂煙を立てるだけの役割を果たす車を配置することも試みました。英国軍に「戦車の大軍襲来」と思いこませる砂塵は、実は飛行機のエンジンを載せた大型トラックがほうきや鎖を引きずって巻き上げたものだったのです。このような作戦を展開したために、彼は「砂漠の狐」と呼ばれました。

ロンメルは常々、こちらの兵力が多いと敵に思わせることが心理的に非常に効果的な作

図表1　価値関数

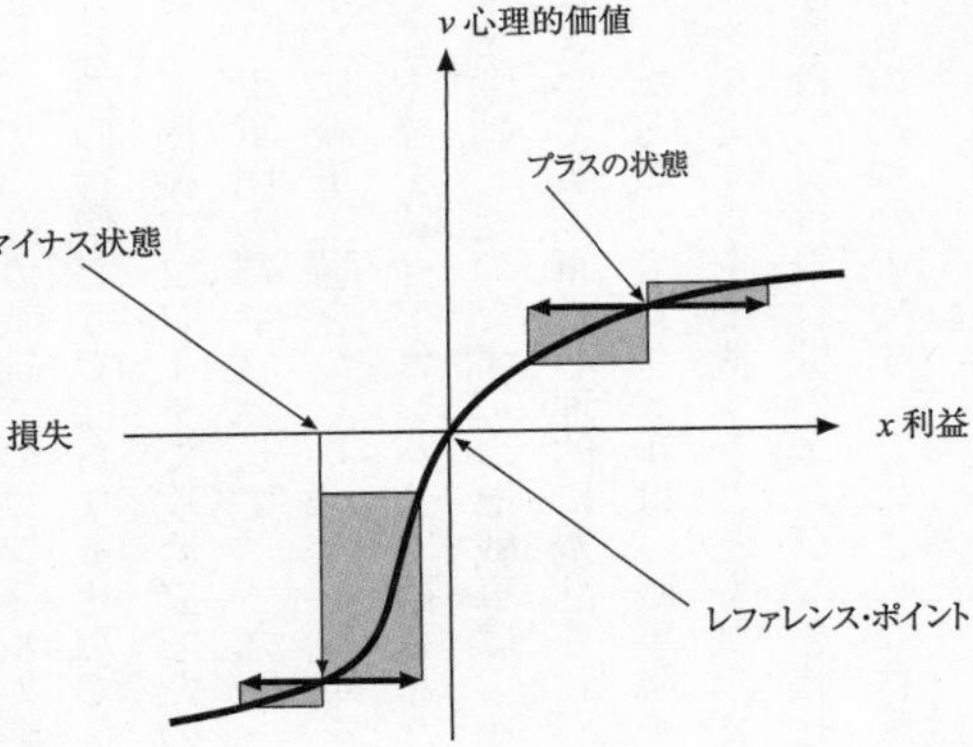

戦であると部下に語っていました。それゆえ、彼は、リビア戦線に着任一か月後の三月に、トリポリで戦車部隊のパレードを大々的に行ってみせました。当時、ドイツ軍の主力がいまだアフリカに到着していなかったにもかかわらず、パレードの戦車の数は膨大なものでした。実際は、同じ戦車が何度も回っていただけだったのです。地元住民にまぎれたスパイに見せつけて欺くためだったと言われています。

　このように敵より兵力が多いと見せかける戦略は、行動経済学的に言えば英国軍を予想外にマイナスの心理状態に陥れるものです。こうした心理状態では英国軍はリスク愛好的な心理状態に陥り、効率性を無視しても戦い急ぐことが心理的には合理的となります。つまり、図表1のようにマイナス状態では、戦いをしかけて大幅に敗北しても心理的価値の減少はほとんどないけれど、逆にわずかにでも勝利感を味わうと心理的価値は大幅に高まることになるので、たとえ戦闘準備が不十分であっても戦い急ぐような心理状態になるのです。

結局、戦い急いだ英国軍に対し、ロンメルは正面から戦って敵を火力で破壊し、力で殺傷するような作戦はとりませんでした。代わりに、機動部隊による奇襲や迂回攻撃、側面攻撃によって敵の補給線、とくに燃料集積所や給水タンクを鮮やかに攻撃して、敵の戦闘意欲を無力化してしまう方法をとったのです。このように、ロンメルは〝ハード・キル〟ではなく、〝マインド・キル〟の天才だったのです。そして、これが、心理的世界を対象とする間接アプローチでした。

ロンメルの新しい間接アプローチ

さらに、ロンメルは他のどんな将軍とも異なり、戦闘前のイメージ戦略にも非常に強い関心を示していました。それは知識的世界を対象とする新しい間接アプローチでした。こうしたイメージ戦略は部下たちに対してだけではなく、敵に対しても効果的であることを、彼は比較的早い時期からはっきりと認識していたのです。

彼は、いつもかっこよく振舞おうとし、常にカメラマンの一団を同行させていました。ロンメルに関する劇的な写真は、実はすべて演出されていました。もともと彼にはカメラの趣味があり、効果があがるようにポーズをとっていたのです。

　こうした認識のもとにロンメルは部下の士気を高め、しかも敵にドイツ軍は強いというイメージを植えつけるために、どんなに小さな戦いでも勝てる戦いに異常にこだわっていました。勝利の機会を増やせば必ず部下の士気は高まり、自信がつく。だから、彼は敵が少しでも優勢であったり、危険を察知したりした場合には決して戦うことはありませんでした。勝てる小規模な戦いだけを続け、かたちの上でドイツ軍の連勝、英国軍の連敗となる戦法をとっていたのです。そして、彼の思惑通り、「ロンメルのドイツ軍は強い」といった観念が敵・味方の間に形成されていったのです。

　このような固定観念がいったん形成されてしまうと、ロンメルが攻撃してくるという噂が流れただけで、敵は最初から弱腰になりました。はじめから、勝てないという気持ちにさせていたのです。たとえば、ロンメル率いるドイツ軍がアレキサンドリアに迫ったとき、「ロンメルが来る」というニュースが流れ、それを聞いた英国艦隊はもはやスエズ運河の運命は決まったと思い、すぐに退散しました。そして、市民もまた逃げました。アレキサンドリアの守備隊が重要書類を焼き払い、弱気になったからです。

ロンメルの騎士道精神

このようにロンメルはいろいろな奇策を展開しましたが、戦争法規にしたがって戦おうと努力している点で、彼の戦い方は一貫していました。道徳の観念までも破壊されてしまう戦場で、彼は常に騎士道精神を忘れずに戦争法規にしたがってクリーンな戦闘を遂行しようとしたのです。

その変幻自在の戦いぶりと騎士道的な振る舞いが、敵である英国兵士を魅了したのです。ロンメルが戦争法規を守ろうとしていることを英国軍の兵士たちもただちに感じ取り、これに応えようとしました。

そのうち、英国軍兵士の中に、ロンメルに憧れる者まで出てきました。「ロンメル・ライク（ロンメルのように）」という言葉も英国軍内で流行《はや》りました。「戦術・戦略と騎士道精神を結びつける将軍」、あるいは「戦場の聖者」「人道的な将軍」として、敵兵や敵国民の関心を集めたのです。

他方、英国首相チャーチルも、ロンメルと同じく、この知識的世界で戦っていました。チャーチルは意図的にロンメルを過大評価しようとしていたとも言われています。ロンメルとその軍隊の強さをあえて強調することによって、米国からの軍事援助を引き出すとともに英国軍を叱咤激励し、ついにロンメルを打ち負かした暁には英国軍の強さを証明して自賛するのに役に立つと考えていたのです。

（3）ロンメルの悲劇的最期

ロンメル軍の限界

以上のように、アフリカ戦線においてロンメルは、物理的観点からすれば常に兵力的に劣勢でした。それにもかかわらず勝ち続けることができました。彼の活躍は、まさに新しい戦略のたまものだったのです。彼は、従来の物理的世界に対する直接アプローチや心理的世界に対する間接アプローチだけではなく、知識的世界に対しても間接アプローチを展開していたのです。

しかし、一九四二年一〇月二三日に、英国軍が圧倒的な戦力でドイツ軍に総反撃を開始しました。そしてついに、北アフリカの砂漠で、装甲機動戦の申し子であったロンメルは、自らの描いた装甲機動戦のヴィジョンの実現を阻む英傑に敗北することになります。その英傑とは、「石橋を叩いて渡る男」として有名な英軍将軍モントゴメリーでした。

しかし、ロンメルの敗因は彼の戦略や戦術にあるというよりも、一方で英国の戦力と補給が巨大化し、他方で彼の戦略や戦術が適用できないほど、独ソ戦でドイツが完全に消耗し、補給が続かなくなったことにありました。

ヒトラーとの確執

補給のないアフリカ戦線のドイツ軍には、もはや勝ち目がないとロンメルは判断しました。彼は、ヒトラーにアフリカからのドイツ軍撤退の許可を求めました。しかし、ヒトラーは勝利か死か、それ以外にない、と冷酷にもロンメルの申し出を斥けました。このとき、ロンメルは「総統は犯罪者だ。祖国ドイツが壊滅するまで戦うつもりか」と怒り、独断でドイツ軍の退却を命じたのです。

その後、ロンメルは病気を患い、ドイツで療養していましたが、再び戦線に復帰します。一九四四年、ヨーロッパ戦線はすでに最終局面に入っていました。一方でソ連軍が東から迫り、他方で英米軍がノルマンディーに上陸していたのです。フランス戦線に転進していたロンメルは、この戦争でも勝ち目はないと判断していました。それゆえ、彼は西部戦線最高指揮官会議で再び、勇敢にもヒトラーにドイツ軍の退却を訴えました。

しかし、ヒトラーは、このロンメルの主張に激怒します。二人が会ったのはこれが最後でした。連合軍のノルマンディー上陸の際に、司令官として指揮にあたったロンメルは、この戦いで重傷をおって戦線を離脱します。

ヒトラー暗殺計画とロンメルの最期

ロンメルの人生は、ヒトラーによって評価され、昇進を重ねる人生でした。しかし、ロンメルは常に政治から一定の距離を置いていました。だから、彼は生涯ナチス党に入党することはありませんでした。また、彼は家族をヒトラーやナチス幹部に会わせることもしませんでした。彼は家族を大切にしていました。前線にあったロンメルは、妻に千通もの手紙を送ったと言われています。

一九四四年七月二〇日、ヒトラー暗殺未遂事件が起こります。摘発された抵抗運動グループの計画の中に、ヒトラー後の指導者としてロンメルの名前が挙げられていました。そのため、ロンメルによる戦争終結の画策の一環ではないかとの疑義が持たれました。

この疑義から、一〇月一四日、ヒトラーの使者がロンメルを訪れました。もし服毒自殺をはかるならば、家族や部下には一切手を出さないことを使者は約束しました。ロンメルは、自宅から約三〇〇メートル離れた林に車を止め、使者から渡された薬を服《の》んで、自害しました。

このことは、ドイツ国民に知らされることはありませんでした。死因は「戦傷」によるものとして、ロンメルの葬儀はドイツで国葬として執り行われたのです。葬儀には、ヒトラーからの花輪が捧げられていました。戦争の達人ロンメル将軍の悲しい最期でした。

(4) 知識的世界の経営戦略と「戦略の不条理」

取引コストの実在性

ロンメルが新しい次元の戦略として利用した知識的世界、つまりイメージ、固定観念、知識、技術、権利などの概念からなる世界は、今日、ビジネスの中心的対象として注目され、経済学や経営学分野でもその存在感を急速に増しています。

これらの世界は手で触れることもできませんし、人間の五感で感じることもできません。また、心理的な世界のように主観的なものでもありません。何よりも、その存在にわれわれ人間は誰でもアプローチでき、誰でもその存在を理解できるのです。この意味で、客観的な世界です。

このような知識的世界の存在として見えないコスト、すなわち「取引コスト」を発見し、それが人間の行動に大きく影響することを説明したのは、すでに述べたようにノーベル経済学賞を受賞したロナルド・H・コースやオリバー・E・ウィリアムソンたちです。

ウィリアムソンによれば、人間は新古典派経済学が仮定しているように完全合理的ではなく、限定合理的であるとします。人間は情報を完全に収集、処理、伝達できず、限られた情報の中でのみ合理的に行動しようとするものと見なすわけです。しかも、人間は、隙あらば、たとえその行動が悪徳的であろうとも、自己利益を追求しようとする機会主義的な存在でもあるとします。

ここで、もしすべての人間が限定合理的で機会主義的であるならば、互いに知らない者同士が市場取引を行う場合、相手の不備につけ込んで、機会主義的に自分に有利になるような駆け引きをする者が現れてきます。すると、相手にだまされないように事前に相手を調査し、弁護士を雇って正式に取引契約をかわして契約後も履行を監視する必要がでてきます。文房具などのような安価なものを取引する場合はともかく、土地や建物などの不動産取引では非常に激しい駆け引きが展開されるものです。駆け引き次第では、価格が大きく変動するからです。

このように、交渉取引には多くの無駄な時間や労力が使われる可能性があり、このような非効率性のことを「取引コスト」と呼ぶのです。この取引コストをわれわれ人間は、交渉・取引前に正確に測定し数値化することができません。しかし、そのコストの発生を事前に漠然とでも把握し、イメージする能力は、誰もが持ち合わせているのです。

もちろん、取引コストは会計報告書に記載されうる費用ではありません。それは計測が難しく、目に見えないものです。しかし、経営者は会計的に計上されるコストとともに、この取引コストも意識してマネジメントを行っているものです。

すなわち、取引コストは人間の五感によって明確に認識されるものではなく、人間の知性によって把握されうるコストであり、それはわれわれが抱く固定観念やイメージや知識と同様に、ポパーの言葉で言えば「世界3」、つまり知識的世界の存在なのです。

取引コストの原理

取引コストが、ビジネスの世界で人間行動にどのような影響を与えるのかを、簡単な事例を用いて説明してみたいと思います。

日本のメーカーA社と、日本の部品メーカーB社との間に取引があるとします。B社は納期を必ず守り、品質も優れているため、A社はB社に全幅の信頼を置いています。しかし、部品一個当たりの値段は比較的高いものとしましょう。

こうした状況で、ある日、東南アジアの見知らぬ部品メーカーC社から、B社の部品単価よりもはるかに安い値段で供給できるという打診があったとします。A社はB社との取引を継続すべきでしょうか。それとも単価の安いC社と新規契約をかわすべきでしょうか。

物理的世界の観点からすると、B社よりC社の方が部品の単価が安いので、A社にとって合理的な選択はC社との取引となります。しかし、A社はこの取引をめぐって、すぐに知識的世界の住人である「取引コスト」の存在を認識するでしょう。このとき、A社はB社との取引にはほとんど不確実性がないし、相互に駆け引きもほとんど起こらないので、取引コストの発生をイメージしません。

これに対して、C社との取引を新たに開始する場合には、事前にC社の製造能力を調査する必要があります。また、C社との正式な契約のほか、その後もC社による契約履行を監視する必要があり、それゆえ多大な取引コストが発生することをイメージするでしょう。もしかしたら掛け捨ての保険に入る必要が出てくるかもしれません。この取引コストの大きさを認識してしまうと、最終的にA社にとってC社との取引には非常に大きなコストがかかってしまうという結論に至るでしょう。

このように、たとえC社の部品の単価がB社のそれより安くても、C社との取引で発生する「取引コスト」があまりにも大きいとイメージされた場合、A社はB社との取引の継続を選択することになるでしょう。それは、物理的世界の観点からすると、非合理的な選択に見えるかもしれませんが、知識的世界の存在である取引コストをイメージすれば、それはきわめて合理的な選択による行動であるといえるのです。

知識的世界と戦略の不条理

　このような取引コストが存在する世界では、新古典派経済学に従って競合企業よりも価格を安くし、かつより性能の優れた新製品を開発しても、また、行動経済学に従い、消費者を何らかの方法によってリスク愛好的となるマイナスの心理状態に追い込んだとしても、消費者が自社製品を購入してくれる保証はまったくありません。というのも、競合企業の製品から自社製品への買い替えに際して、消費者は重い取引コストの負担をイメージする可能性があるからです。

　この取引コストがあまりにも大きい場合、人間は合理的に考えてあえて非効率的な状態や心理的価値が低い状態に留まろうとする可能性があります。それは、物理的観点からすれば、きわめて非効率的な行動かもしれません。また、心理的観点からすると、非常に不満が残る心理状態かもしれません。しかし、知識的世界の観点からすると、それは非常に合理的な行動なのです。

　たとえば、ある企業の経営者がより効率的な生産活動を展開するために、物理的により性能の良い機械設備の導入について検討しているとしましょう。しかも、いま景気が悪く、予想以上に企業の経営状態も悪い状況にあり、心理的にマイナスの心境に経営者があるとします。この場合、この経営者がより性能の良い機械を購入し、新しい機械設備を導入することは、新古典派経済学的により効率的であるとともに、それによって少しでも効率的になれば心理的価値も大幅に高まるので、行動経済学的にも合理的な行動です。

しかし、取引コスト的には、新しい機械設備の導入が合理的ではない可能性があります。というのも、導入によって生産が効率化されると、多くの従業員が解雇される可能性が出てくるからです。そうすると、従業員が猛烈に反対し、彼らを説得するために多大な交渉・取引コストが発生する可能性もあります。それゆえ、現状に留まることが合理的となる可能性もあるのです。

現状が非効率的であると分かっていても、人間の知性は取引コストの存在をイメージしてしまうために容易に移行することはできません。言い換えれば、移行しない限り取引コストは発生しないので、現状にわずかでもメリットを感じさえすれば、非効率的で不満足な現状に留まろうとする慣性が働くわけです。

したがって、物理的世界の観点からすると、QWERTYキーボードは非効率的な文字配列であるにもかかわらず、新しい効率的な文字配列に移行する場合、パソコンユーザーは多大な取引コストをイメージするために、いまなおQWERTYキーボードに留まっているのかもしれません。これは、VHSやウインドウズや日本語ソフトのワードについても、同様のことが言えると思います。

以上のように、経営戦略上、この取引コストの実在性を無視すると、企業は戦略の不条理に陥る可能性があります。物理的世界を対象として、どれだけ安価でどれだけ品質の良い製品を作ったとしても、あるいは人間の心理的世界を対象としてどれだけ顧客の心境をマイナスの心境に追い込んだとしても、知識的世界の取引コストが大きい限り、人々を自社製品に引きつけることはできないのです。

第6章 「戦略の不条理」回避のメカニズム

(1) キュービック・グランド・ストラテジー

これまで、世界は物理的世界、心理的世界、そして知識的世界から構成されているというカール・ライムント・ポパーの多元的実在論にもとづいて、それぞれの世界で展開されうる軍事戦略と経営戦略について各論的に説明してきました。

ここまで述べてきたように、もし特定の世界だけを対象とするような戦略を展開し、他の世界の実在性を無視するならば、そのような企業は「戦略の不条理」に陥り、合理的に淘汰される可能性が高まります。というのも、ある組織が、特定の世界を対象とする戦略だけを合理的に追求しても、三つの世界のうちの少なくとも他のひとつの世界が別の方向に変化した場合、その変化に対応できず、組織は合理的に淘汰されてしまう可能性がある

図表1　キュービック・グランド・ストラテジー

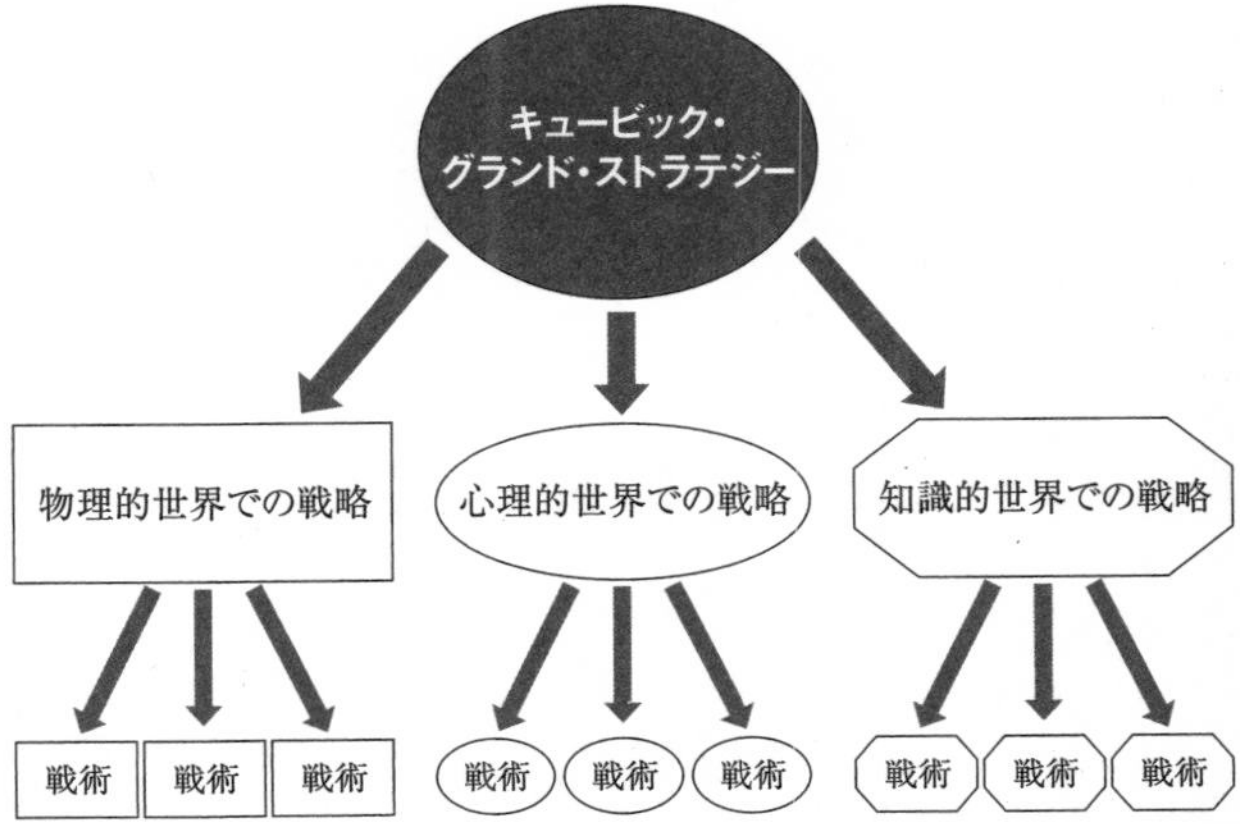

からです。

　このような「戦略の不条理」、つまり特定の世界ではきわめて適合的な生存行動が他の世界では不適合となって淘汰されてしまうような事態を避けるためには、これら三つの世界の実在性を明確に認識し、それぞれの世界を対象としてひとつの直接アプローチと二つの間接アプローチを立体的に展開していく必要があります。

　こうした多元的戦略こそが、現代のような多様化し、複雑化した時代に必要とされる戦略思考なのです。そして、このような戦略は立体的大戦略、すなわち「キュービック・グランド・ストラテジー（Cubic Grand Strategy：CGS）」と呼ぶことができると思います。この戦略によって、「戦略の不条理」を回避することができるのです。

ここでは、このキュービック・グランド・ストラテジーのもとに三つの世界のそれぞれを対象として展開されるアプローチを「戦略」と呼び、さらにその戦略をより具体化する方法を「戦術」と呼ぶことにしたいと思います。そして、それを実行する方法のことを「作戦」と呼ぶことにしましょう。

以下、このＣＧＳのイメージをより鮮明に理解してもらうために、いくつかの軍事的事例を見ていきたいと思います。とくに、ここでは、古代ローマを苦しめたカルタゴの天才的戦略家ハンニバル、一八世紀にヨーロッパを征服したナポレオンの事例を紹介し、最後に『孫子』の兵法もまたＣＧＳであったことを述べてみたいと思います。そして、これらの事例からＣＧＳをめぐる基本原理を改めて抽出していくことにしましょう。

(2) ハンニバルのキュービック・グランド・ストラテジー

さて、軍事戦略の天才という名のもとに、各国の陸軍士官学校のテキストに必ず出てくるのが、ハンニバルです。彼は、金目当てで忠誠心など全くない傭兵たちを心服させ、ローマがあと一歩で滅亡するというところまで追いつめました。

ハンニバルは傭兵たちと同じ粗衣、粗食でのぞみ、戦いでは常に先頭に立ち、奪った財宝は惜しみなく彼らに分け与えました。傭兵たちのハンニバルに対する敬愛の念は深く、疲れ切った彼が木陰で仮眠しているとき、兵士たちは彼を起こさないように静かに、しかも大きく回って通ったという逸話が残っています。

しかし、優れていたのは彼の統率力だけではありません。彼の戦略と戦術も卓越したものでした。軍師ハンニバルの戦略と戦術については今日、様々な解釈がなされていますが、ここではキュービック・グランド・ストラテジー（ＣＧＳ）の観点から説明してみたいと思います。

ハンニバルとは

ローマは、ＢＣ二七二年に周辺の都市国家を従え、イタリア半島を統一しました。当時、ローマは海外へ勢力を伸ばす計画をもっていませんでした。しかし、ある事件を通して、シチリア島の向こうにある強国カルタゴ（現在のアフリカ大陸北部）と戦うことになります。その事件とは、シチリア島のシラクサ王国アガトクレス王の傭兵であったイタリアのマメルティーニ軍団が、王の死後、ギリシャ人の植民地であったメッシーナ市を占領し、市民を虐殺したことに始まりました。

これに怒ったシラクサ王ヒエロン二世はマメルティーニ軍団の討伐にでたのです。それに対して、マメルティーニ軍団はまずカルタゴに助けを求めました。そして、これに応じてカルタゴ軍が来援してきたのですが、メッシーナを援護するどころか、逆に占拠・支配してしまったのです。

ハンニバル

　このカルタゴの行動に不満をもったマメルティーニ軍団は、今度は同じイタリア人としてローマに援軍を求めました。ローマは、カルタゴとの戦いに発展することにためらいを示しながらも援軍を送ることにしたのです。こうして、ＢＣ二六四年にシチリア島をめぐってローマとカルタゴとの間に第一次ポエニ戦争がはじまるわけです。

　当時、ローマは陸軍国であり、海戦の経験はありませんでした。他方、カルタゴは海軍国でした。このような状況であったにもかかわらず、ローマは苦戦しながらも持ち前の組織力でカルタゴを撃破、シチリア島を属州とし、カルタゴの領土であったサルディニア島とコルシカ島を奪いとって、制海権も確保しました。

　この第一次ポエニ戦争におけるカルタゴ軍の将軍がハミルカル・バルカスであり、その長男がハンニバルだったのです。そして、第一次ポエニ戦争後、ハミルカルはカルタゴのイスパニア（現スペイン）植民地の統治を任されました。このとき、ハミルカルはハンニバルを神殿に連れて行き、「生涯ローマを敵とする」と誓わせ、ハンニバルとともにイベリア半島に渡り、原住民を鍛えて祖国カルタゴの再建を目指しました。そして、ハミルカルの死後、イスパニア軍を指揮する将軍となったのが、若きハンニバルだったのです。

　カルタゴの再軍備が完了すると、ＢＣ二一八年、カルタゴ共和国のイベリア総督となった二七歳のハンニバルは、長年の敵であるローマ攻略に踏み切ります。これが、イタリア半島を一七年間にわたって戦争の嵐に巻き込む第二次ポエニ戦争の始まりでした。

心理的世界での戦略

　当時、イスパニアのイベリア半島からイタリア半島に渡るには、次の三つの方法がありました。

　①海路地中海を東航する方法、②リグリア海沿岸の陸路を東進する方法、③ピレネー・アルプスを越える方法。

　このうち、ハンニバルが選んだ方法は、ローマ人が絶対にありえないと思っていた最も困難な③でした。彼は、この難関を突破することによって心理的にローマ人の意表を突き、パニックに陥れることができると考えました。つまり、これは心理的な戦略だったのです。

一方、ローマ軍はハンニバルの攻撃を予想し、イベリア半島での戦闘を想定して準備を進めていました。ローマの戦略は、一方でシシリー島を経由して海路でカルタゴ本国を突き、他方で海路でマッシリア（現マルセイユ）に上陸し、東進するハンニバルを撃破してイベリア半島を攻略するというものです。これはきわめて軍事面で合理的な作戦でした。

しかし、アルプス踏破というハンニバルの天才的な作戦の前に、この作戦は完全に空振りに終わってしまいました。言うまでもなく、ハンニバルにとってアルプス越えは多大な困難を伴いました。戦象、騎馬、大量の兵站《へいたん》を伴う大部隊が道なき道を進み、一五日間の苦難の末、アルプス山脈を越えて、ロンバルディア平野に降り立ったのです。その時の兵力は歩兵二万、騎兵六〇〇〇、戦象は数頭であり、イベリア半島出発時の三分の一にまで減少していたと言われています。

しかし、この攻撃にローマ軍は完全に意表を突かれました。アルプス越えなど絶対に不可能だと高をくっていたために、準備は不十分でしたし、何よりもハンニバルの行動に心理的に大きな混乱に陥ってしまったのです。

行動経済学的にいえば、予想外にマイナスの心境に陥ったローマ軍はその後リスク愛好的な心理状態になり、効率性を無視したようなハイリスク・ハイリターンの戦いを繰り広

図表2

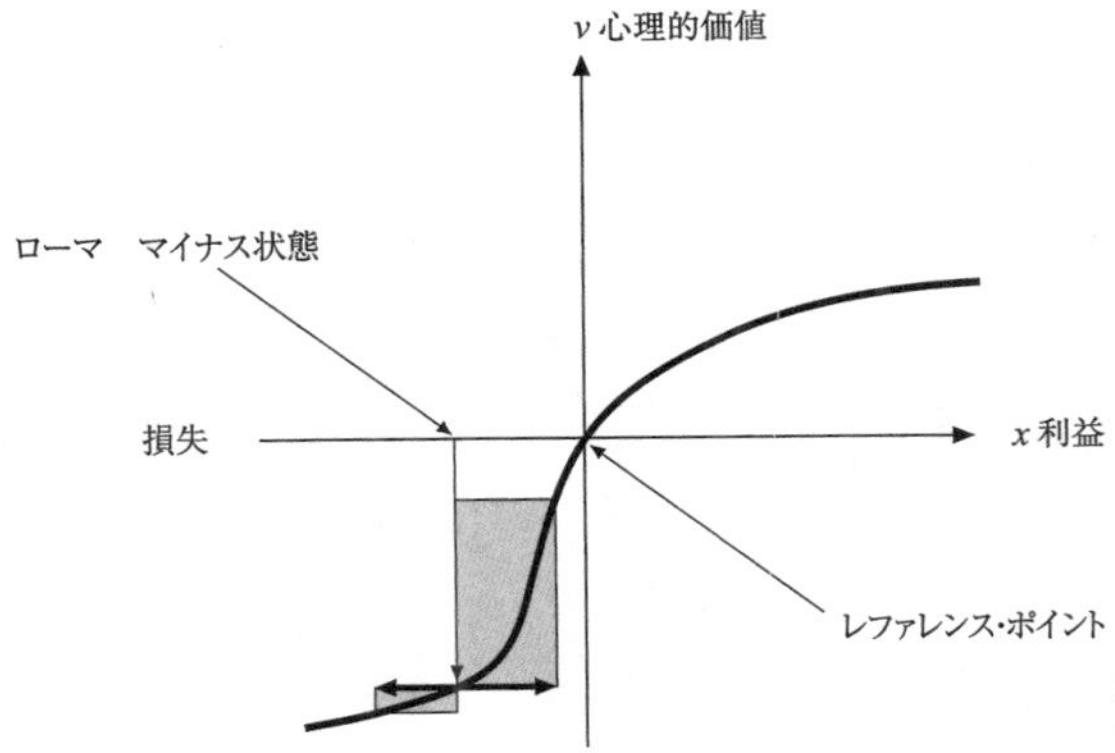

げていきました。つまり、図表2のように、マイナス状態では戦いをしかけて敗北しても心理的価値の減少はほとんどなく、逆に勝利すると心理的価値は大幅に高まるので、たとえ戦闘準備が不十分であっても戦い続けようという心理状態になったのです。

こうして、ハンニバルのアルプス越えから一年の間に、ローマは入念に戦略を展開することなく「ティキニス河畔の遭遇戦」、「トレビア河畔の戦い」、「トラシメヌス湖畔の戦い」で次々と完敗し、約一一万人もの死者を出してしまうことになるのです。

さらに、ハンニバルの心理的なアプローチは敵に対するものだけではなく、部下の将兵に対しても展開されていました。

ローマ軍と戦う前に、兵士たちに円陣を

作らせ、そこに二人のガリヤ人捕虜が投げ込まれます。二人には武器が与えられ、カルタゴ兵が見守る中、どちらかが息絶えるまで戦い続けるのです。やがて、決着がつき、敗者は死によって苦痛から解放され安楽を得、勝者は十分な看護を受けた後、莫大な財貨を与えられて故郷に送り返されました。こうしてハンニバルは、兵士たちにローマに勝って財宝を得るか、死んで安楽を得るか、敗れてローマの捕虜となり奴隷として一生を送るかといった将来に対する暗示を与え、兵士の戦意を高揚させていったのです。

物理的世界での戦略

しかし、ハンニバルの戦略は心理的な効果だけを狙う一元的なものではありませんでした。彼の軍隊は、基本的に非常によく鍛えられた精強な軍隊だったため、正攻法による新しい戦略も駆使することができたのです。彼はイベリア半島で鍛え上げた軍隊のうち、一部をカルタゴ本国とイベリア半島の防衛に当て、自ら五万の歩兵と騎兵九〇〇〇、戦象三〇頭を率いてローマを突くという戦略を展開しました。

とくに、ハンニバルが率いていた部隊の中でも、騎馬隊は非常に優秀でした。彼はこの騎馬隊の特性を戦術的に非常に有効に使いました。当時、軍事の常識では、歩兵は歩兵同士、騎兵は騎兵同士で戦うのが定石でした。それゆえ、同じ者同士で戦うことになるので、どうしても質よりも量がモノを言うことになっていたのです。したがって、陸戦では兵士の数が多いほうが圧倒的に有利だったのです。

ところが、この常識を覆したのがハンニバルでした。彼は、自軍の騎兵が機動力やスピードに優れていることに着目し、それを最大限に生かすために、騎兵をそのまま敵の騎兵にぶつけるのではなく、敵の歩兵の背後に回って歩兵を攻撃させたり、敵陣を分断して敵軍が乱れたところへ歩兵を投入し、包囲殲滅させたりしたのです。その典型的な戦いが、ローマの大軍を打ち破ったカンナエの戦いです。それは、軍事史上、例を見ない完璧な包囲殲滅戦でした。

当時、ローマ連合軍には動員可能な戦力が七五万ありましたが、このハンニバルの戦術の前に一時壊滅状態に陥りました。数がモノをいう陸戦において大軍ローマは何度戦ってもハンニバル軍に勝利することができなかったのです。ローマ軍は翻弄され、何度も敗北しました。完全にハンニバルの戦略的かつ戦術的な勝利でした。

物理的世界でのもうひとつの戦略的意図

さらに、この物理的世界でのハンニバルの戦いには別の戦略的意図がありました。彼は、ローマが支配している諸国を寝返らせて、自軍に引き入れて勝利を獲得しようとしていたのです。

たとえば当時、ハンニバルはギリシャの支配権をめぐりローマと争っていたマケドニア王国と同盟を組んで、ローマを攻撃しようと考えていました。また、ローマの圧政に苦しむガリア諸国を寝返らせたり、ローマに征服されているイタリア半島の諸都市を離反させて同盟を結び、イタリアでの攻撃の拠点としたりすることも考えていました。さらに、もともとカルタゴの同盟国であったシチリア島のシラクサ王国をローマから離反させて同盟を再結成することまで戦略的に目論んでいたのです。

しかし、ローマの支配下にある国々を離反させ、同盟を再形成するための交渉・取引コストはあまりにも大きいものでした。そこで、そのコストを節約するために、ハンニバルはあえてローマ市でローマ軍と戦うようなことはしませんでした。彼は、戦略的にイタリアの各地方でローマ軍と戦い、目の前で直接ローマ軍を壊滅させるという作戦をとったのです。というのも、強さを顕示することでそれぞれの地方を心服させ、これによって、交渉・取引コストは節約され、多くのローマ同盟国が寝返ってくれると考えたからです。

ハンニバルの誤算とその最期

しかし、彼の読みは当たりませんでした。結論から言えば、ハンニバルは物理的世界での直接アプローチ、心理的世界での間接アプローチには成功しましたが、知識的世界での間接アプローチ戦略には完全に失敗したのです。

七五万のローマ軍に、アルプス越えで三分の一に減った二万六〇〇〇のハンニバル軍が対抗するためには、最終的にローマ同盟諸国をローマ連合から離反させる必要がどうしてもあったのです。そして、そのために、各地でハンニバルは自軍の強さを見せつける必要がありました。

しかし、彼の予想を裏切り、ローマ連合組織の絆は予想以上に強かったのです。ローマが時間をかけてつくり上げた大組織は、揺らぐことはありませんでした。イタリア半島の同盟諸国は市民権の拡大や街道の整備などにより、特殊な資産が形成されて完全にローマによって組織化されていました。つまり、ローマと運命を共にしていたわけです。それゆえ、彼らは、あえてローマから離れて寝返ろうとすれば、多大なコストが発生するような状況に置かれていたのです。

結局、ローマはハンニバルとの決戦を避け、戦略的観点から戦争を意図的に長期化していくことになります。こうした状況で、ハンニバルと同じ戦略と戦術を駆使する将軍がローマから登場することになります。その将軍とは、スキピオです。

スキピオは、若い時にティキヌス、トレビア、カンナエとローマ軍が敗北を重ねたハンニバルとの戦いを何とか生き延び、その経験の中でハンニバルの天才的用兵を学びました。スキピオは、機動力のある騎兵で鈍重な歩兵を攻撃し、逆に歩兵が騎兵を攻撃することの有効性を理解していたのです。

スキピオはカルタゴ・ノヴァを攻略し、さらにBC二〇二年にはカルタゴに侵攻、ザマの戦いでハンニバル軍を破りました。その戦い方は、かつてローマ軍がカンナエで敗れた戦法と全く同じ包囲殲滅作戦でした。

その後、スキピオとハンニバルとの間に講和条約が結ばれ、長きにわたって繰り広げられた第二次ポエニ戦争も終わりを告げます。カルタゴにいたハンニバルは暗殺の手がのびてきたために、その後シリアに亡命しました。そして、シリアから小アジアへと転々とし、最後に毒を服んで、自らの命を絶ちました。「このへんで、ローマを安心させてやろうか」。これが彼の最後の言葉だと言われています。

以上のように、ハンニバルはキュービック・グランド・ストラテジーの観点から、物理的世界での戦略、心理的世界での戦略、そして知識的世界での戦略を体系的に考案し、そのもとでさまざまな戦術を駆使して作戦を遂行しようとしました。しかし、結果的には同盟の離脱にともなって発生する知識的世界のコスト、つまり取引コストを節約できなかったため、ローマ支配下の都市国家を離反させることができなかったのです。

しかし、ハンニバルの本当の失敗はそこにはありませんでした。ローマ軍の戦略や戦術の変化に対応して、彼のキュービック・グランド・ストラテジーの内容を絶えず修正し、進歩させる必要があったにもかかわらず、変化させることなく硬直化させてしまった点にあったのです。そのため、彼の戦略は時間の経過とともにローマ軍に学習され、完全に真似されてしまい、最終的に敗れてしまったわけです。

（3）ナポレオンのキュービック・グランド・ストラテジー

さて、ハンニバル同様、軍事の天才と呼ばれているもう一人の人物がナポレオンです。彼の軍事戦略の特徴はどこにあったのでしょうか。彼は、軍事において機動力が、直接的な攻撃以上の効果を発揮しうることを知っていた卓越した戦略家でした。そして、何よりも彼は、物理的世界、心理的世界、知識的世界を対象とする戦略を華麗に操る戦略家でもあったのです。

ナポレオン――栄光への道

ナポレオンは、一七六九年八月一五日コルシカ島の下級貴族・ボナパルト家の第四子として出生しました。一七七九年に、彼はフランス陸軍幼年学校に入学してさらにパリ士官学校を開校以来最速の一年で卒業し、少尉に任官しました。

当時のフランスは、ブルボン王朝の下で絶対王政が敷かれ、第三身分の平民は政治的権利を厳しく制限されていました。そこで、平民たちは自分たちの議会として「国民議会」を発足させます。

そして、この国民議会を正式な議会として承認し、憲法を制定することを国王に要求しました。国王ルイ一六世は、事態を収拾するためにこれを承認しますが、王族と宮廷貴族が反対し、平民に圧力をかけるために、軍隊をパリとベルサイユに集結させることを国王に強要します。

しかし、パリ民衆の運動はおさまらず、旧体制の象徴であったバスティーユ監獄が一七八九年七月一四日早朝に襲撃され、フランス革命の口火がきられることになるわけです。

こうした政治的混乱の中、一七九一年、国王ルイ一六世の国外逃亡が発覚し、国王は逮捕され、結局、裁判の後に処刑されました。

これに対して、当時、ヨーロッパの絶対君主体制を堅持していた強大な諸外国は自由市民革命の理念が自国に波及することを恐れ、相次いでフランスへ侵攻しました。しかし、フランスの自由市民は革命を成就させるために、自ら武器を手に取り、自由と祖国を諸外国から守るために立ち上がったのです。

このとき、ナポレオンは革命政府側につき、一七九三年にトゥーロン攻囲戦での卓越した砲兵の指揮が認められて、少佐に昇進します。さらに、トゥーロン港からイギリス・スペイン艦隊を排除すると、異例の三階級昇進を遂げ、准将となって将軍の地位に昇りつめました。

しかし、一七九四年に革命政府内ジャコバン派のロベスピエールらが失脚すると、彼らに支持されてきたナポレオン自身もまた拘束され、将軍職を解任されてしまいます。ところが、一七九五年にイギリスに支援された王党派が革命派に対して攻撃を仕掛けると、再びナポレオンは革命派の鎮圧軍司令官に抜擢されます。

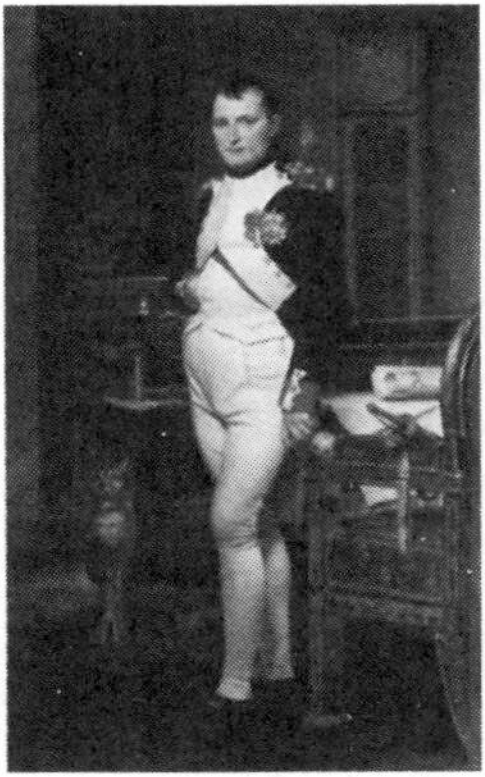
ナポレオン

その後、ナポレオンはイタリア方面軍司令官として活躍し、対英作戦のエジプト遠征でも勝利します。そして、フランス本国が危機に晒されると、一七九九年一〇月に帰国しました。帰国後、ジャコバン派失脚後に実権を掌握していた総裁政府が内部分裂し、一部が王党派と王政復古計画を開始したため、ナポレオンは総裁政府に対し、クーデターを仕掛けて成功し、自ら第一統領となって統領政府を樹立することになります。

一八〇〇年、再びイタリアのオーストリア軍を撃滅するために、奇襲のアルプス越えを行い、オーストリアによるイタリア支配を終わらせました。そして、一八〇二年には、イギリスとの間に和平条約を締結します。さらに、ローマ法王との政教和約にも成功し、八月には国民投票により圧倒的支持を得て終身統領となりました。二年後の一八〇四年には再び国民投票により圧倒的支持を得、ナポレオンはフランス皇帝に選出され、一二月二日にノートル・ダム寺院で戴冠式《たいかんしき》を行います。

ナポレオンの戦略的特徴

以上のように、ナポレオンは軍事の才能を遺憾なく発揮して皇帝にまで昇りつめた人物でした。とくに、彼は先天的に物理的世界、心理的世界、知識的世界を立体的にマネジメントできる能力のある戦略家だったのです。

ナポレオンが率いた軍隊は、物理的世界に関していえば、決して十分な資源をもっていたわけではありません。兵士は辛い行軍に耐え、野営地で夜を過ごし、いつも食糧や薬品不足に悩まされていたのです。

しかし、ナポレオン軍は、グリボーヴァル型という最新の大砲を持っていました。また、当時の一般的な戦術は「横隊戦術」で、分速七〇歩が標準でしたが、ナポレオン軍は一二〇歩と高速であったために、戦場で敵よりも優位に立つことができました。これは、ナポレオン軍が従来の傭兵ではなく、国民軍であったという点にも関連しているのですが、ナポレオン軍はこの機動性をさらに生かすために、「縦隊戦術」を用いて敵の弱点に素早く兵力を投入することができたのです。

また、心理面に関しても、ナポレオンが率いる兵士たちは満足していました。彼は、気軽に兵士に声をかけることを忘れなかったのです。感動した兵士たちは、ナポレオンのことを「ちびの伍長」と呼んで親しみ、彼に忠誠を誓っていました。

そして、ナポレオンは先に述べたように旧来の傭兵中心の軍隊ではなく国民軍を形成し、それを最大限に活用した最初の人物でもあります。彼は国民軍を分割して師団とし、分かれて進撃、合流して攻撃する「分進合撃」という極めて高い機動性を発揮できる戦術で敵の機先を制することが常でした。祖国防衛の理念に燃える士気旺盛な国民軍には、傭兵と違って逃亡の恐れがないため、高度な作戦行動や戦術行動をとることができたのです。

さらに、知識的世界に関しても、ナポレオンはぬかりありませんでした。戦略を一手に指導できる地位につくと、彼は外交交渉を巧みに操作し、間接アプローチを駆使していきました。たとえば、敵である複数の国同士が歩調を合わせ、一致団結してフランスに軍事的かつ政治的圧力をかけてきた場合、その調整と交渉をめぐる取引コストは非常に高いものとなります。それがあまりにも高い場合、戦わずして敗北を認めざるを得ないような知識的世界での敗北に追い込まれる可能性があります。そこで、外交交渉を通して敵が一致団結することを巧みに阻止したり、あるいは戦力が整わないうちに敵を戦場に引きずり出したりして、一致団結する前にそれぞれを別個に撃破するという戦術を駆使したのです。

このように、ナポレオンは三つの世界を対象とするキュービック・グランド・ストラテジーのもとに、巧みに勝利を収めていったのです。

三帝会戦――アウステルリッツの戦い

ナポレオンが指揮した戦いの中でも最も有名な戦いのひとつは、一八〇五年のアウステルリッツの三帝会戦です。フランスのナポレオン一世、ロシアのアレクサンドル一世、オーストリアのフランツ二世の三人の皇帝による戦いです。この戦いには、ナポレオンの戦略が凝縮されています。

一八〇五年一二月二日、ナポレオンの皇帝戴冠一周年の記念日の朝からその戦いは始まりました。立ちこめた霧とナポレオンの巧妙な布陣によって、ロシア・オーストリア連合軍があらかじめ得ていた情報では不十分な状況になっていました。この戦いでの彼の手腕は見事のひとことです。地形、機動、心理、あらゆる要素を利用し、芸術的とも言うべき完璧な勝利を収めたのです。

心理的世界での戦略

物理的観点からすれば、フランス軍の兵力は、このときロシア・オーストリア連合軍に比べて劣勢でした。ここで、ナポレオンは思いっきり弱気な姿勢を見せます。事前にロシア、オーストリアにできれば講和したいというような交渉を持ちかけていたのです。これは、増援軍到着までの時間を稼ぐと同時に、心理的世界へアプローチする彼一流の戦術でした。

これに対して、若きロシア皇帝アレクサンドル一世は、すっかりナポレオンをなめてかかっていました。つまり、予想以上に自分がプラスの状態にいるという認識にさせられたわけです。この場合、図表3の価値関数から理解できるように、積極的に攻撃した場合、さらにプラスの状態を得てもそれほど心理的価値は高まりません。逆に、積極的に攻撃した場合に、少しでもマイナスの状態になると、心理的価値は大幅に低下することになります。したがって、この場合、積極的に攻撃しないで現状を維持することが心理的には合理

図表3

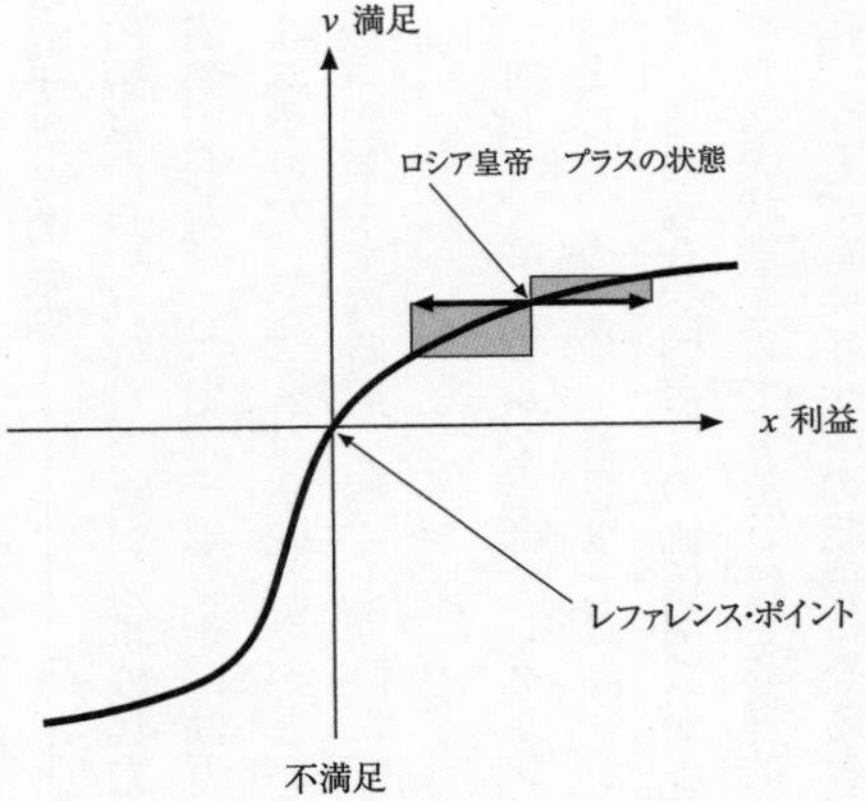

的になるのです。こうしている間にナポレオンの援軍が到着し、フランス軍は連合軍とほぼ互角の兵力を持つに至るわけです。

物理的世界での戦略

またナポレオンは、右翼をわざと手薄に配置し、ここを囮《おとり》にする戦術を展開しました。若きアレクサンドル一世はこれを好機とみて、主力をプラツェン高地からフランス軍右翼へ差し向けることで、ナポレオンの罠にはまっていったのです。

ロシア・オーストリア連合軍は倍以上の勢力で、フランス軍の右翼を攻めたてました。誰の目にも戦線突破は時間の問題であるかのように映りました。ロシア

図表4　アウステルリッツの戦い

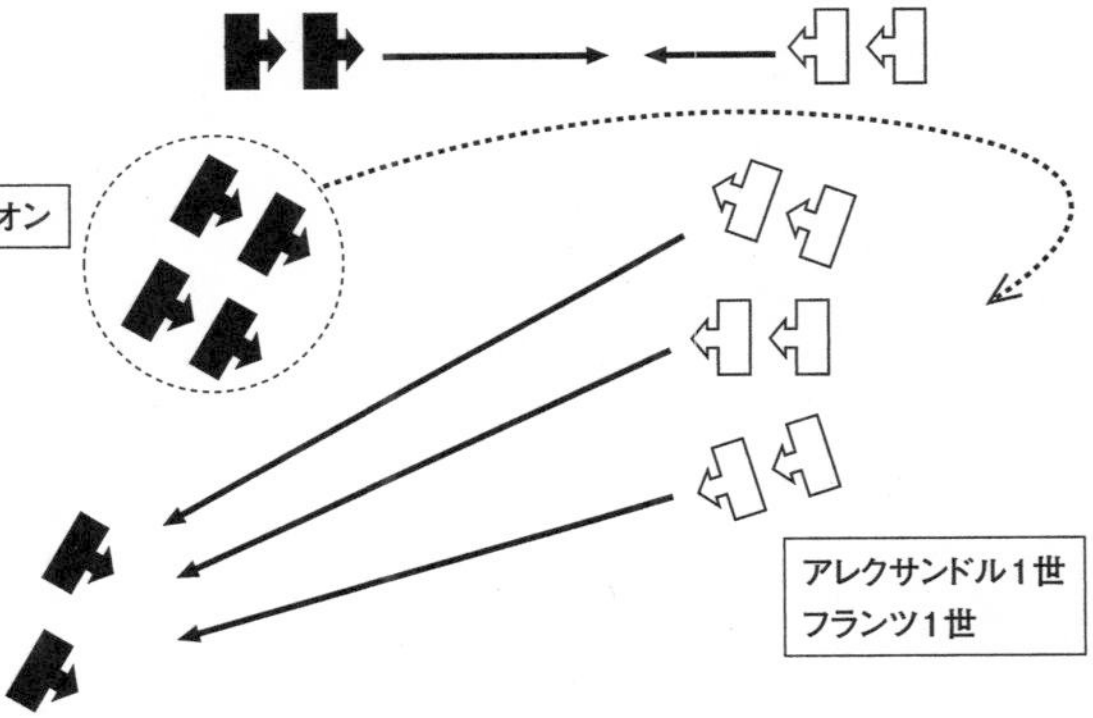

とオーストリアの連合軍は、反対側に陣取っていた兵までもが丘をおりて右翼の総攻撃に繰り出しました。

しかし、ナポレオン軍の右翼には、強行軍で駆けつけた一個軍団が守りに加わり、戦線を維持しました。こうして、連合軍はフランス軍の右翼を突破できず、勢いが止まったのです。

このとき、ナポレオンは敵の手薄になった中央部に、主力を一気にぶつけるというお得意の作戦にでました。この当時、主力戦は最後の段階で行うのが定石でした。しかし、彼は常に機を逃さず、早め早めに主力軍を投入する革新的戦術をとっていたのです。がら空きになった連合軍の中央を突く攻撃は奇襲となり、見事に成功をおさめました。

こうして、フランス軍はあっという間に中央突破して敵を左右に分断し、包囲殲滅の型に持ちこみました。このとき、軍事の知識のあるロシアとオーストリアの連合軍はその作戦を恐れて、戦わずして凍った湖の上を敗走しました。フランス軍が右翼を維持している一方で、中央突破に成功した以上、勝敗は明らかだったからです。

このとき、ナポレオンは砲兵隊に湖を砲撃させ、氷を粉々に割っていきます。連合軍の兵士たちは次々と一二月の湖の中に落ちていきました。こうして、死傷者一万六〇〇〇と捕虜一万一〇〇〇、大砲一八〇門と軍旗四〇以上という大損害を受けてロシアとオーストリアの連合軍は壊滅しました。これに対して、フランス軍の損害は死者一三〇〇人と負傷者七〇〇〇人に過ぎず、まさにフランス軍の圧勝だったのです。

知識的世界での戦略

さらに、この戦いにおいてナポレオンは、外交面でも用意周到でした。彼は事前にプロイセンが中立的立場に留まることをプロイセンと交渉していたのです。軍事強国プロイセンが対仏大同盟に参加した場合、フランス軍は圧倒的に不利になることを予期していたからです。

しかし、その交渉には、非常に高い取引コストが発生する可能性がありました。このコストを節約するために、ナポレオンは、プロイセン内のフランス占領下の英領ハノーヴァーをプロイセンに譲ることを確約し、プロイセンに中立を守らせたのです。知識的世界においても、この戦いでは事前に戦略が展開されていたわけです。

以上のように、アウステルリッツの三帝会戦は、中央突破による見事な殲滅戦であるという歴史上でもあまり例を見ない戦いでした。

戦いを終えたナポレオンは、国民軍の兵士たちにこう訓示しました。「兵士たちよ、我々の祖国の幸福と繁栄のために必要なことがなされたときには、私は諸君をフランスへ帰すであろう。国民は諸君の帰還を喜ぶであろう。そして、諸君は、〝アウステルリッツの戦いに加わっていた〟と言いさえすれば、こういう答えを受けるであろう。〝ああ、この人は勇士だ！〟と」。そして、このアウステルリッツの戦いの勝利を記念して建設されたのがフランスの凱旋門なのです。

ナポレオンの最期

一八〇八年に、英国との戦いにおいて、ナポレオンはスペインに軍事介入しました。しかし、一進一退を繰り返し一八一二年までにイギリス軍のウェリントン卿をポルトガル領に追いやるのが精一杯でした。

スペインでフランス軍が苦戦していると、その機に乗じてオーストリア軍が三度フランス軍に抵抗してきました。しかし、ナポレオンはこれを抑えました。

こうした状況で、ナポレオンは一八一〇年にオーストリア・ハプスブルク家の皇女を后《きさき》に迎え入れます。しかし、ロシアはこれに反発し、彼の対英外交の根幹である「大陸封鎖令」からの脱退を表明しました。

こうして、ナポレオンとロシアとの関係が急速に悪化し、一八一二年に彼は五〇万の大陸軍を率いてロシア遠征を開始することになります。この時期から、彼の戦略も変化し、物理的世界だけを対象とする力による攻撃が中心となっていきました。彼は、理論的に戦略を展開していたのではなく、天賦の才能にもとづいて行動していたのです。

これに対して、ロシア軍は計画的退却戦つまり町や村を焼却しながら退却するという焦土作戦を行い、現地調達で補給を行っていたナポレオン軍を苦しめます。そして、冬の到来と共にナポレオンは命からがらフランスへと帰国することになります。ロシア遠征で壊滅的打撃を被ったフランス軍は、徴兵制度を改定し軍の再建に全力を尽くしました。しかし、ナポレオンは一八一三年一〇月のライプツィヒの戦いにも大敗を喫し、大勢が決してしまいます。

一八一四年、連合軍はパリ入城を果たし、四月にナポレオンはエルバ島に流刑となります。ところが、彼は島を脱出し、翌年、再びパリに帰還してプロイセン軍を撃破しました。しかし、一八一五年六月にはワーテルロー会戦でイギリス・ウェリントン卿に大敗を喫し、ナポレオンの「百日天下」は終焉してしまいます。今度は、大西洋の孤島セント・ヘレナ島へ流され、一八二一年五月五日に波瀾の生涯を閉じました。

晩年のナポレオンの失敗の原因はどこにあったのでしょうか。それは、ハンニバルと同じように、近隣諸国の変化に対応することなく、同じ戦略に固執し、それを硬直化させてしまった点にあります。それゆえ、近隣諸国は時間の経過とともにナポレオンのやり方を真似ることができ、兵を傭兵軍から強力な国民軍へと再編成していったのです。

（4）『孫子』のキュービック・グランド・ストラテジー

本章の最後に、三つの世界への立体的かつ流動的なアプローチを提唱していたのが、第1章で述べた『孫子』の兵法であったことを述べておきたいと思います。『孫子』の兵法は実は多元論的な世界観にもとづいて展開されているのです。『孫子』の兵法は、戦争する前と戦時に分けてキュービック・グランド・ストラテジーを説いていると言えます。

戦争前のキュービック・グランド・ストラテジー

『孫子』は、最初の計篇で戦争をする前に三つの世界についての準備、つまり五事七計が必要だと言っています。つまり、第一に道、第二に天、第三に地、第四に将、第五が法です。

これらのうち、まず第二の天と第三の地は物理的世界に関わるものであり、戦争を行う前に、天候や距離や地形、国土、戦場について考慮する必要があることを意味します。次に、第一の道と第四の将は心理的世界に関わるものであり、それは戦争をする前に民衆と為政者の間に大きな心理的な溝がないようにしておくこと、また将軍は下から信頼される誠実さや配下を思いやる情けを持つ必要があることを意味しています。

最後に、第五の法とは知識的世界に関わるものであり、それは軍隊に関する軍紀をしっかりさせる必要があることを意味します。

そして、これら五事にもとづいて七計、つまり有道、有能、天地、法令、兵衆、士卒、賞罰の観点から敵と味方を比較検討すれば、戦う前に勝敗の趨勢を知ることができるとしています。

①物理的世界に関して、天候と地形はどちらに有利か。

②心理的世界に関して、どちらの君主が人心を得ているか。どちらの将軍のほうが優れているのか。

③知識的世界に関して、軍紀や法令をどちらの軍隊が遵守しているか。そして、どちらが強いか。兵士の訓練の度合はどちらが上か。賞罰はどちらが公明正大に行われているか。

以上のように、三つの世界に関わる五事七計について敵と味方を事前に比較すれば、戦う前に勝敗をはっきり知ることができるというわけです。とくに、「彼を知り己を知らば百戦殆うからず」、すなわち、敵を知り己の実情を知れば百回戦っても危ういことはないというわけです。敵の実情を知らず、味方のことだけを知れば、勝ったり負けたりすることになり、敵のことを知らず、味方のことも知らなければ、戦うたびに危険に陥ることになる。そして、勝ち目がなければ戦わないと説くのが『孫子』の兵法なのです。

したがって、情勢を分析し、その情勢に柔軟に対応するというのが『孫子』の兵法の本質であって、情勢とは無関係に硬直的で絶対的な行動や戦法はとってはならないということなのです。

戦時のキュービック・グランド・ストラテジー

さて、以上のような事前の戦略分析にもとづき、どうしても戦わざるを得ない場合、つまり戦争を回避できない場合には、どのような戦略を展開していくのか、これが問題となります。『孫子』の兵法では、戦時も三つの世界を明確に意識しながら、そのときどきの戦況に応じて臨機応変に戦略を変化させることだと説かれています。この観点から、『孫子』の戦時の兵法は以下のようにまとめることができます。

『孫子』の物理的世界への直接アプローチ

まず、『孫子』によると、戦争には物理的に膨大な費用がかかることを明確に認識する必要があるとします。それゆえ、大原則は百戦百勝するよりも戦わないで勝つことがベストだということになるのです。

しかし、戦いを避けることができない場合には、事前に徹底した分析を行った後、まずは戦争の長期化を避けることが重要だとしています。戦争が長期化して国家を有利に導いた例など知らないというのです。それゆえ、長期戦を避け、万全の態勢で短期決戦で決着をつける必要があると主張します。この点から言えば、たとえば城を攻めるには時間も費用もかかるので、そのような戦いは戦術的に愚の骨頂だと言います。

また、戦費は自国で負担するが、食糧は現地で調達した方がいいと主張しています。そして、敵から物資を奪うことによって、自軍の戦力はさらに強まるものだというのです。つまり、兵士のモチベーションが高まるというわけです。

このような『孫子』のアプローチは、ナポレオンも採用していました。また、太平洋戦争のときの日本軍も採用していたのです。当時の日本軍は『孫子』の兵法とはまったく異なる方法をとっていたと言う人もいますが、実は当時の日本軍もそれなりに『孫子』の戦略を学んで実行に移していたのです。

『孫子』の心理的世界への間接アプローチ

心理的世界へのアプローチの有効性については、『孫子』によると、まず戦い上手な者は個々の兵士の勇気に頼らず、戦闘に突入する際の心理的な勢い、つまり「勢」によって勝利を得ようとするものだと言います。高い山から丸い石を転がり落とすように、兵士たちに「勢」を与えて巧みに戦いへと仕向けるわけです。

また、自軍の兵士に対して、絶体絶命の心理状態に立たせることによって、兵士は死力を尽くして戦うものだとも言っています。しかも、普段から兵士と自らの子供のように接していると、兵士は重要な局面で、死を覚悟して戦うものだとしています。そして、戦場ではこのような心理的状況に兵士を追い込むことが、リーダーの役割でもあるというのです。

他方、『孫子』によると、戦いにおいて敵軍の兵士から心理的に気力を奪い取ること、敵軍の将軍から冷静さを奪い取ることは可能であると言います。人間というものは朝は気力がみなぎっているが、昼そして夜になると萎《な》えるものだとし、戦い上手な者は相手が気力で満ちているときには戦いを避け、萎えるのを待って、戦いを仕掛けてゆくものだというのです。

それゆえ、進撃するときには、敵の「虚」を突く必要があるというのです。そうすれば、敵は不意を突かれるので、防ぎようがないというわけです。「迂をもって直となす」。意図的に迂回して敵を安心させておき、油断しているところを一気に叩くというのが「迂直の計」であり、その際の心理的打撃は非常に効果が大きいというのです。

『孫子』の知識的世界への間接アプローチ

最後に、戦時の知識的世界へのアプローチについては、戦い上手な者は「人を致して人に致されず」、つまり主導権を握って敵をこちらの思い通りに動かし、敵の思い通りに動かされない。まさに、主導権を握ることが重要だというのです。

　そして、主導権を確保するには、つまり敵をある方向に引き寄せるには、「そうすれば有利だ」と思わせることであり、また敵を先に戦闘にふさわしい位置につけさせないためには、「そうすれば不利だ」と思わせることだといいます。このようにして、敵の態勢を逆転させることが主導権を握ることだとしています。

　また、『孫子』によると、先に述べたように、戦い上手な者は、高い山から丸い石を転がり落とすように、兵士たちに「勢」を与えて巧みに戦いへと仕向けるわけです。しかし、「勢」だけでは不十分だとも言います。まさに、軍紀、規則、ルールこそが全軍の「勢」を操るものだというのです。軍紀が保たれていれば、どのような状況に陥ろうと、「勢」が衰えることなく戦うことができる。このような意味で、軍にとって軍紀は非常に重要なのです。

　また、『孫子』によると、敵の情報を得るのに費用を惜しんではならないとしています。情報は敵よりも早く収集し、獲得する必要があるのです。しかも、生きた人間を使って生きた情報を集める必要があるというわけです。敵国の住民を使って情報をとること、敵国の役人を買収して情報をとること、敵のスパイを手なずけてこちらのスパイにすること、死をかけて敵国に潜伏して情報を集め、情報を持ち帰る必要があるのです。

以上のように、『孫子』の兵法が推進している戦略は、ハンニバルやナポレオンの戦略と同じように、多元的世界観にもとづく戦争前と戦時のキュービック・グランド・ストラテジーだとも言えます。戦いというものは物理的世界に対しては戦略的に正攻法ではじめ、状況に対応しながら心理的世界や知識的世界に対して柔軟に奇策をもって戦略的にアプローチすれば、勝利を得ることができるというのです。

とくに、物理的な戦法とは異なり、心理的世界や知識的世界を対象にした奇策の種類は状況に応じて無限にあり、尽きることはないとも言っています。物理的な兵力は、相互に競争すればやがて対等のものになっていくので、時間とともにそれほど差別化できなくなるというわけです。このとき、決定的に重要になるのは、心理的世界へのアプローチと知識的世界へのアプローチです。したがって、これらのアプローチが最終的に戦いの勝敗を決定することになるわけです。

そして、さらに重要なことは、戦争前の分析と同様に、戦時中にも特定の型や戦法やパターンに固執しないという点です。戦時中にも状況分析をしっかり行い、そのときどきの情勢に対応して、水が流れるように臨機応変に戦略を展開することが重要だとしているのです。

キュービック・グランド・ストラテジーの2つの原理

以上のように、戦略の不条理に陥らないために、ハンニバルもナポレオンも『孫子』も物理的世界、心理的世界、そして知識的世界への多元的アプローチを展開し、そのようなアプローチの重要性について語っていたという点では、三者にそれほど違いはありません。そして、このような多元的な戦略的アプローチを展開することが、キュービック・グランド・ストラテジー（CGS）の第一の原理だといえます。

しかし、『孫子』の戦略が永続的に成功的な戦略であるのに対して、ハンニバルやナポレオンが実際にとった戦略は短期的に成功したものの、長期的には失敗してしまいました。いったい何が異なっていたのでしょうか。

たしかに、『孫子』では、物理的世界、心理的世界、そして知識的世界へのアプローチの必要性について述べ、ハンニバルやナポレオンもまた三つの世界に対応するように見事な立体的な戦略を展開しました。

しかし、ハンニバルやナポレオンが実行したCGSは『孫子』が要請している戦略とは異なり、実は非常に硬直的なものでした。これに対して、『孫子』が語っているCGSは流動的なフローの性格を持つものだという点に、決定的な差異が存在しているのです。

それゆえナポレオンやハンニバルのCGSは短期的には威力を発揮したものの、長期的には威力を失い、時間とともにその戦略は三つのどの世界からも乖離《かいり》していった可能性があるのです。

これに対して、『孫子』で何度も繰り返し述べられているのは、単に三つの世界へアプローチすることのみならず、常に状況に応じてそれら三つのアプローチを臨機応変に変化させることが重要だということです。

水のように相手に応じて姿を変え、そして絶えず流れているということが、『孫子』の兵法にとっては重要なのです。つまり、CGSはストック状態のままにしておいてはならないのであり、常にフローの状態を維持する必要があるわけです。これがCGSの第二の原理です。

次に、これらCGSをめぐる二つの原理を経営戦略論レベルに応用して、さらに詳しく説明してみたいと思います。

第7章　新しい戦略の哲学――「戦略のキュビズム」

これまで物理的世界、心理的世界、そして知識や権利などの知識的世界が実在するという多元的世界観にもとづいて議論を展開してきました。

そして、この世界観に立つと、軍事戦略論の王道と言われているクラウゼヴィッツの戦略論は物理的世界を対象とするものであり、それゆえ他の二つの世界が変化した場合、この戦略論に従う人々や組織は合理的に淘汰されてしまう、すなわち「戦略の不条理」に陥る可能性があることを明らかにしてきました。

次に、近代戦略論の代表であるリデルハートの戦略論を紹介しました。彼は物理的世界のみならず心理的世界の存在を認識していましたが、知識的世界の存在には気づいていませんでした。もっと正確に言いますと、心理的世界と知識的世界の区別ができていませんでした。それゆえ、このリデルハートの戦略論に従う人々や組織も、知識的世界で変化が起こったときには戦略の不条理に陥る可能性があるのです。

何よりも、戦略の不条理に陥らないためには、ドイツの将軍エルヴィン・ロンメルが展開したように、絶えず三つの世界の存在を意識し、立体的にそれぞれの世界にアプローチする多元的アプローチが必要なのです。これが戦略の不条理を回避するキュービック・グランド・ストラテジーの第一の原理です。

しかし、ただ単純に三つの世界にアプローチするだけでは十分ではありません。ハンニバルやナポレオンが失敗したように、ひたすら硬直的に三つの世界にアプローチしているだけでは、三つの世界のどれかひとつでも変化した場合に適応できなくなり、合理的に淘汰されてしまうからです。つまり戦略の不条理に陥ってしまうからです。

したがって、『孫子』の兵法で繰り返し述べられているように、三つの世界への立体的アプローチを水の流れのように絶えず変化させる必要があります。そして、そのためには絶えざる批判が不可欠なのです。これが、戦略の不条理を回避するために必要なキュービック・グランド・ストラテジーの第二の原理です。

以上のようなキュービック・グランド・ストラテジーの二つの基本原理について、ここでは経営戦略レベルに落とし込み、より詳しく説明してみたいと思います。

（1）多元的世界観と「戦略の不条理」

キュービックな人間観

キュービック・グランド・ストラテジー（Cubic Grand Strategy: ＣＧＳ）は物理的世界、心理的世界、そして知識的世界といった三つの世界を対象として展開される立体的大戦略であり、人間はこれらの三つの世界にかかわりながら行動しているという多元的な人間観に基づいています。

つまり、ＣＧＳでは、人間はこれら三つの世界でそれぞれ固有の損益計算をし、その合計がプラスになる場合に行動を起こし、マイナスになる場合には行動を起こさないという意思決定を行っていると想定するのです。

たとえば、人間は物理的世界では、土地・建物が増えたとか減ったとかいった物的資産の増減や、現金が減ったとか増えたとかいった貨幣の増減を計算します。

また、心理的な世界でも、固有のレファレンス・ポイント（参照点）にもとづいて予想外の収益と予想外の損失とを心理的に損益計算します。たとえば、あるレストランに入って食べたランチは思ったよりもおいしかったとか、思ったよりもまずかったとかを計算するのです。

さらに、知識的世界でも、会計上には表れない機会コスト、埋没コスト、取引コストなどの増減を計算します。あの銀行からお金を借りるにはものすごい時間とコストがかかるとか、馴染みの銀行からお金を借りるときには時間もコストもかからないというかたちで損益計算をするわけです。

多元的損益計算

これら次元の異なる損益を合計して合理的に行動するというのが、ＣＧＳにおける人間の捉え方です。このようなキュービックな人間観をより具体的にイメージしてもらえるように例を挙げてみましょう。

たとえばいまある製品を顧客が購入する場合、物理的世界で発生する顧客のベネフィット（利益）をB_1とします。顧客が製品を購入すれば物的資産が増えることになるわけです。しかし、同時に顧客の貨幣は減少し、それは会計上に表れるコストとなります。これをC_1としましょう。

次に、その同じ製品の購入をめぐって、顧客が自分固有のレファレンス・ポイントにもとづいて感じる予想外の心理的ベネフィットをB_2とし、反対に予想外に負担を感じる心理

図表1　3つの世界の相互作用

多元的損益計算

(−)	(+)
C_1＝物理的世界でのコスト	B_1＝物理的世界でのベネフィット
C_2＝心理的世界でのコスト	B_2＝心理的世界でのベネフィット
C_3＝知識的世界でのコスト	B_3＝知識的世界でのベネフィット

$C_1 + C_2 + C_3 < B_1 + B_2 + B_3$　→　製品を購入する

$C_1 + C_2 + C_3 > B_1 + B_2 + B_3$　→　製品を購入しない

的コストをC_2としましょう。これらが心理的世界で顧客が感じるコスト・ベネフィットです。この世界では、厳密な数値計算が成り立たない可能性があります。コスト・ベネフィットが瞬時に判断され、結果として「欲求が満たされる」とか「気分が進まない」などといった言葉で表現されるかもしれません。

最後に、その同じ製品をめぐって、顧客がそれを購入し受け取るまでに発生しうる様々な取引コストをC_3とし、その取引コストの減少部分のベネフィットをB_3としましょう。取引コストが関わる知識的世界でも、厳密な数値計算は成り立たない可能性があります。コスト・ベネフィットが瞬時に計算され、結果として「すぐに手に入りそうだ」とか「時間がかかりそうだ」などといった言葉で表現されうるかもしれません。

したがって、ＣＧＳで想定される人間は、図表１のように、これら三つの世界における総コスト・ベネフィットを合計し、ある製品をめぐって総コストよりも総ベネフィットが多い場合にはその製品を購入し、逆に総ベネフィットよりも総コストのほうが多い場合には、製品を購入しないでしょう。人間はこのような立体的な多元的損益計算を通して行動しているとＣＧＳでは考えるのです。

戦略の不条理とその解決

以上のような多元的な人間観を持たないと、本書で何度も述べてきたように、組織は「戦略の不条理」に陥る可能性があります。物理的世界だけを考慮して、顧客に対して物理的ベネフィットだけが多くなるような製品を徹底的に生産し販売しても、そのような製品を顧客が購入する保証はありません。

もしその製品が顧客の手元に届くまでにかなり日数がかかる場合には、顧客にとって知識的世界のコスト、つまり取引コストが非常に大きいものとなります。それゆえ、その製品自体が物理的に性能が良く、かつ心理的に満足を与えるものであっても、総コストが総ベネフィットを上回ることになれば、顧客はその製品を購入しない可能性があるのです。

同様に、たとえ物理的コストが物理的ベネフィットよりも大きい製品でも、心理的世界や知識的世界でコストよりもベネフィットが大きく、それゆえ総コストよりも総ベネフィ

図表2

企業戦略＼顧客の負担	コスト	ベネフィット
物理的世界への直接アプローチ	C_1 ↓	B_1 ↑
心理的世界への間接アプローチ	C_2 ↓	B_2 ↑
知識的世界への間接アプローチ	C_3 ↓	B_3 ↑
CGSの戦略目的	$C_1+C_2+C_3 < B_1+B_2+B_3$	

ットが大きくなれば、その製品を顧客は購入する可能性があるのです。

　このことを理解しないで、ひとつの世界だけを対象にする一元論的な経営戦略では組織は戦略の不条理に陥ってしまい、合理的に淘汰されることになります。それゆえ、ＣＧＳの第一の原理は、戦略の不条理を回避するために、三つの世界に多元的にアプローチするということです。

　ＣＧＳの最終目的は、多元的な人間観にもとづいて、ある製品の購入を迷っている顧客に対し、総コストよりも総ベネフィットを大きくし、その顧客に製品を購入させることによって生き残ることです。そのためには、図表2のように顧客が三つの世界で負担する総コストを減少させ、三つの世界で得られる総ベネフィットをいかにして大きくするかが経営戦略の目標となります。

しかし、たとえ三つの世界に対して多元的にアプローチしたとしても、それによって戦略の不条理を回避することはできません。三つの世界が変化する可能性が常にあるからです。それゆえ、三つの世界に対応したアプローチなのかどうかを常に批判的に検討し、絶えず柔軟に立体的戦略を変化させていく必要があります。これがＣＧＳの第二の原理です。展開されるＣＧＳというのは常に暫定的なものであり、最終的な解ではないのです。

これらのＣＧＳの二つの原理について、以下でより詳しく説明したいと思います。

（2）キュービック・グランド・ストラテジーの原理1――多元的アプローチ

三つのキュービック・グランド・ストラテジーのパターン

戦略の不条理を避けるための第一の原理は、三つの世界の存在を意識して多元的にアプローチしなければならないということです。ＣＧＳは多様であり、対象とする顧客によってその内容はまったく異なりますが、少なくとも以下のような三つにパターン化できます。

①物理的世界を対象とする直接アプローチ、心理的世界を対象とする間接アプローチ、知識的世界を対象とする間接アプローチを同時進行的に立体的に進めるような「同時進行

型ＣＧＳ」。たとえば、ナポレオンが展開したＣＧＳです。

②たとえば、知識的世界を対象とするソフトな間接アプローチからはじめ、次に時間差で心理的世界を対象とするソフトな間接アプローチを並行して展開し、最後に物理的世界を対象とするハードな直接アプローチでたたみかけるという「時間差重層型ＣＧＳ」。これは、ロンメルのＣＧＳです。この時間差重層型ＣＧＳは多様であり、どのアプローチから実行しはじめても問題ありません。

③たとえば、時間の流れとともに、まず知識的世界だけを対象とする間接アプローチを実行し、次に代替的に心理的世界だけを対象とする間接アプローチを展開する。最後に、物理的世界だけを対象とする直接アプローチへと移行する「時間差単層型ＣＧＳ」。これはハンニバルのＣＧＳでした。

もちろん、二つのアプローチの組み合わせを時間差で展開するケースもあります。たとえば、はじめに心理的世界と知識的世界だけを対象とし、次に物理的世界と心理的世界だけを対象とする戦略を展開します。最後に、物理的世界と知識的世界だけを対象とする戦略へと移行するパターンです。

図表3　3つの世界の階層性

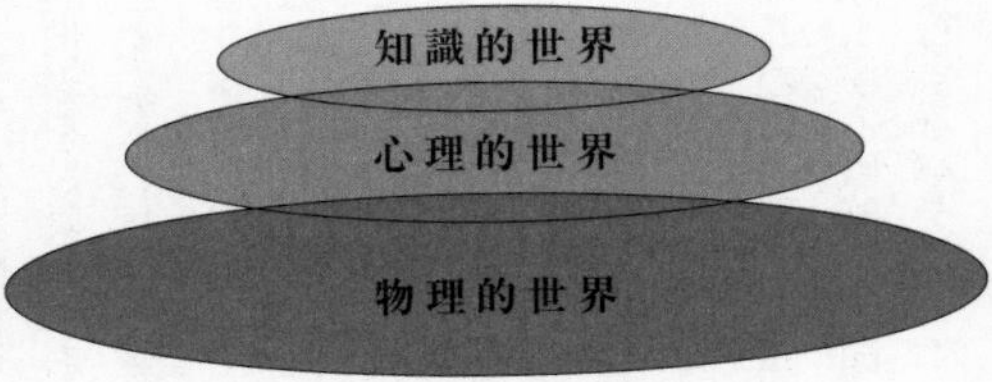

三つの世界の階層性

ところで、以上のようなＣＧＳを具体的に展開する際に、もっとも重要なポイントのひとつは知識的世界を中心に三つの世界への戦略を構想し、展開していくという点です。というのも、知識的世界は三つの世界の中でもっとも高次の世界だからです。

なぜ、知識的世界がもっとも高次かというと、それは、何よりも最初に、かつ確実に存在する世界は物理的世界であり、それを土台として積み重なるように心理的世界、知識的世界が存在するからです。まず、世界には心的状態を欠くか、欠いていると言っていい石などの物体や細菌などの微生物が属する物理的世界が存在します。その物理的世界を土台として心理的世界を持つ動物が生まれ、その中の最も進化した動物が知識的世界を持つ人間なのです。図表３のように、これら三つの世界を階層にして考えると、知識的世界は物理的世界や心理的世界よりも高次の世界だと言えます。

キュービック・グランド・ストラテジーと階層性

以上のような階層構造があるため、知識的世界へのアプローチを成功させるためには、先に心理的世界へのアプローチを成功させておく必要があります。さらに、心理的世界へのアプローチを成功させるためには、それ以前に物理的世界へのアプローチを成功させておく必要があるのです。

たとえば、ある会社がなぜ自社の新商品が売れないのかを検討したとしましょう。その原因が知識的世界の存在、つまり消費者との取引コストがあまりにも大きい点にあるということを認識した場合、新商品の購入をめぐって消費者が負担する取引コストを節約するような何らかの間接アプローチが新たに必要だと考えるでしょう。

しかし、それ以前にそもそも心理的世界を対象とする間接アプローチが成功しているのかどうかも検討する必要があります。そして、もしそれが成功していないならば、消費者の心理的なコスト負担を削減する何らかの間接アプローチを展開する必要性を認識することになるでしょう。

さらに、その前にそもそも物理的世界へのアプローチが十分なのかどうかを検討する必要もあります。そして、もし物理的世界への直接アプローチをした結果、商品自体に何らかの欠陥が発見されるかもしれません。

このように、最初に高次の知識的世界へのアプローチから構想したとすれば、より低次の心理的世界へのアプローチや最も低次の物理的世界へのアプローチもまた構想する必要があるのです。

こうした三つの世界の階層構造を認識したうえで、多元的にアプローチを構想しなければならないというのが、ＣＧＳの第一の原理です。

（3）キュービック・グランド・ストラテジーの原理2――批判的アプローチ

人間の限定合理性

しかし、人間は限定合理的な存在なので、構想され実行されるＣＧＳは決して完全なものではありません。つまり、ＣＧＳのもとに展開される三つの世界を対象としたアプローチは、常に三つの実在世界の動きに適切に対応しているとは限らないのです。

たとえＣＧＳのもとに展開される戦略アプローチが一時的に三つの世界に対応していたとしても、三つの世界それ自体が時間とともに変化していくために、乖離してしまう可能性もあります。

したがって、あるＣＧＳが一時的に成功したからといって、それを完璧だと思いこむことは非常に危険です。三つの世界は絶えず変化し、それゆえ戦略が意味を失ってしまう可能性は常にあるのです。そのためにも、ＣＧＳをめぐっては絶えず批判的議論が必要です。そして、既存の戦略から誤りを排除し、絶えず洗練していく必要があるのです。これが第二のＣＧＳの原理です。

批判（クリティーク）の意味とその効果

「批判（クリティーク）」という言葉は日常的によく出てくる言葉ですが、その意味を十分理解している人は意外に少ないように思います。

それはもちろん、すべてを肯定して正しいものとして受容することでもなければ、逆にすべてを否定して間違いだとして放棄することでもありません。批判とは、どこまでが正しくどこまでが誤りなのか、その境界を確定することです。それゆえ、批判主義とは限界確定主義（マージナリズム）のことを意味します。

具体的に言えば、実行する前にいま展開しているＣＧＳが知識的世界に存在する知識や理論や概念と論理的に矛盾していないかどうか、つまり、理論的にどこまで認められるかを批判的に議論する。そして、実行後には、ＣＧＳが心理的世界の存在や物理的世界の存在との間で経験的に矛盾していないかどうか、つまり、経験的にどこまで認めるかを批判的に議論するのです。

このようなクリティカルな議論を実行する過程で、既存のＣＧＳをめぐって、もし問題が発見されたならば、それは失敗ではありません。むしろその問題を解決することによって、適切に世界の動きに対応できる可能性を高めるという意味では成功なのです。

逆に、クリティカルな議論を避け、不完全なＣＧＳに固執すれば、時間とともに変化する三つの世界との間の乖離は拡大し、やがて淘汰されることになります。

このように、ＣＧＳをめぐって絶えずクリティカルな議論を展開して、誤りを発見し、それを排除する試行錯誤を重ねることで、組織は生存可能性を高め、進化することになるのです。

批判と組織

しかし、組織が実行するＣＧＳをめぐってクリティカルな議論を展開するためには、組織のリーダーが自ら考案したＣＧＳを個人的に自己批判するだけでは限界があります。自己批判は、極端に甘くなると正当化主義に陥ります。また、極端に厳しくなると否定主義に陥ってしまいます。

正当化でもなく否定でもない、クリティカルな議論を展開するには、組織のメンバーと議論を展開することが必要です。

クリティカルな議論を展開するということは、一見、簡単そうに思えるかもしれません。しかし、肯定でもなく否定でもなく、どこまでが正しくどこまでが正しくないのか、その限界を確定するような議論を展開するのは実は非常に難しいことです。というのも、このような議論を展開するためには、組織のメンバーが、カントの言うところの啓蒙された人間、つまり自律的行動をとることのできる人間でなくてはならないからです。

カントの他律的人間

イマヌエル・カントによると、人間は他律的行動と自律的行動をとる存在として分析されます。これらのうち、他律的行動とはその行動の原因が自分にではなく、自分の外に原因がある行動です。

たとえば、それは「上司に言われたのでやった」とか、「親に言われたのでやった」、あるいは「お金をあげると言われたのでやった」といった行動のことです。

そのような他律的行動は、自分の外にある原因が刺激となり、それに反応して行動するという意味では、動物的な刺激反応行動と本質的に同じです。また、外からの力が原因となって作用し結果として行動するという意味では、力学的な因果法則に従う機械の動きのような物理的行動でもあります。この意味で、カントは自分の外に原因があるような行動を他律的行動と呼び、それは動物的であり、機械的であり、すなわち人間固有の行動ではないとしました。

また、このような他律的行動は、失敗したとき、「上司に言われたのでやった」とか、「親に言われたのでやった」などの言い訳が常に可能です。つまり、責任を回避できる行動であり、それゆえこのような行動ばかりとる人間に「責任」の概念は成立しません。カントはこうした他律的な行動しかとれない人間を「未成年状態」にある人間と言いました。

しかし、カントは、人間がこのような他律的な刺激反応行動をとってしまうのを否定することはできないとしました。つまり、人間は全能の神とは異なって、ある面では動物的であり、物理的存在でもあり、無責任な存在であることを認めているのです。

カントの自律的人間観

その一方でカントは、人間は単なる動物的でも物理的な存在でもないとします。彼によると、そのことを証明するような奇妙な意識が人間にはあるというのです。

たとえば、いまある企業で何十年も働き、いまや重役になっている人がいるとしましょう。その人は社長に家族の一員のようにかわいがってもらい、これまで何度もお世話になりました。あるとき、その人が、他社の社長から「現在もらっている月給より十万円高くするから、うちの会社で働かないか」と誘われました。このとき、その人は他律的つまり刺激反応的にすぐに転職しようとするでしょうか。おそらく、お世話になった社長を捨て、お金につられて他社に移ることに強い抵抗感を感じることでしょう。

また、ある男性に何年も付き合っている女性がいるとします。ところが、ある日突然、非常に美しい女性がその男性に「私と付き合って下さい」と言い寄ってきました。このとき、その男性は他律的に、刺激反応的にその美しい女性と付き合うでしょうか。おそらく、彼のなかには「これは良くないことだ」という道徳的意識が現れるでしょう。もしこのような刺激反応行動に抵抗する道徳的意識が人間にあるとすれば、そのような意識とはいったいどのようなものでしょうか。カントは、それを人間に内在する「自由意志」と呼びました。

人間は自らの自由意志に基づいて積極的に目標を打ち立て、それを達成するように行動することができます。その行動は、原因が外にではなく自分自身、つまり自分の自由意志にあり、それ以外にはないという意味で自由で自律的な行動だと言えます。

また、そのような行動の原因は他でもなく自分自身にあるので、もし問題が起こった場合、その行動の「責任」は他でもなく自分にあることになります。それゆえ、カントはそのような行動は失敗したときには自らが責任を問われることから道徳的行動でもあると言いました。つまり、自律的な行動は、「誰かに言われたのでやった」というものではなく、「他でもない自分の意志でやった」という自律的で責任を伴う道徳的な行為なのです。

以上のように、カントは人間を、①動物のように刺激反応パターンで行動する他律的存在であり、因果法則に従って機械的な行動をする存在であると同時に、②自由意志にもとづいて積極的に行動する自律的な存在でもあり、その結果に責任を負う道徳的存在でもあると考えました。こういった二元論的人間観こそが、カントの人間観なのです。

他律的人間組織では批判的議論はできない

以上のようなカントの道徳論的な人間観にもとづくと、もし組織のメンバーが他律的な行動しかとれないような未成年状態にある人間ばかりならば、そのような組織ではクリティカルな議論はできません。リーダーが大声を出して暴力的に脅したり、お金で釣ったりすると、メンバーはそれに従って簡単に言いなりになってしまい他律的な行動しかできなくなってしまうのです。

そのような未成年状態の組織では、リーダーの意見に賛成するしかありません。上司に嫌われたくない、上司によって左遷されたくない、上司に認められてもっと高い地位を得たいという意識から、常に自分の外にいる上司の言動が刺激となって、動物や物のように反応してしまうのです。そして、失敗したときには、「直接上司に命令されたから」とか「同僚がみんなやっていたから」などと言って責任を回避することになります。このような行動は、人間にとって非常に楽な行動なので、どうしても未成年状態を脱しきれないのです。

こうした他律的な行動しかできない、そして責任の概念が成り立たない人間の組織では、組織の生き残りをかけて提案されるキュービック・グランド・ストラテジー（CGS）をめぐって、クリティカルな議論は成立しません。とくに、それがリーダーによって提案された場合、クリティカルな議論はほとんど不可能です。リーダーの命令に従って、メンバーは動物のように行動してしまうのです。そこには、肯定しかありません。

このように、他律的な人間の組織ではクリティカルな議論ができないので、誤りを指摘することができず、それゆえ誤りを排除できず、変化のない硬直的な組織となります。それは、一見安定した組織に映るでしょう。しかし、実際には変化する環境との溝が拡大していくことで、最終的には世界から見放され、淘汰されてしまう運命にある組織なのです。

自律的な人間組織が批判的議論を可能にする

何よりも、不完全な人間が考案する不完全なCGSをめぐってクリティカルな議論を展開するためには、リーダーはメンバーの自律性を引き出す努力をし、個々のメンバーに自由意志を行使させる必要があるのです。このような行為をカントは「啓蒙」と呼びました。リーダーは各メンバーの自由意志を尊重し、クリティカルな議論をさせる場を提供するような啓蒙的リーダーでなければなりません。そして、次のようなカントの道徳的法則の原理にもとづく人間関係の構築を促さなければなりません。

君自身の人格ならびに他のすべての人の人格に例外なく存するところの人間性を、いつでもまたいかなる場合にも同時に目的として使用し決して単なる手段として使用してはならない［カント（一九六〇）『道徳形而上学原論』一〇三頁］

各メンバーは自分の目的を達成するために、相手を単なる手段あるいは単なるモノとして利用してはならないという人間関係、つまり一人ひとりが常に相手を自由意志を持つ存在、それゆえひとつの目的あるいは価値を持つ存在とみなし、決して相手を自分の目的達成のためだけの手段として扱わないという人間関係をつくらなければならないのです。

　このようなカント的人間関係が成り立てば、そこに信頼関係が形成され、自分の目的を達成するために、別のメンバーの意見を簡単に否定したり、簡単に肯定したりすることはありません。常に、相手の意見に耳を傾け、どこまでが認めることができて、どこまでが認められないのか、その限界を確定するようなクリティカルな議論を展開することができるのです。

　何よりも、現実の組織で展開されるＣＧＳは常に暫定的なものです。それゆえ、絶えず組織のメンバー全員で批判的に検討することによって、より現実適応性を高める方向へと進める必要があるのです。このように、組織のメンバーが自律的に既存のＣＧＳをクリティカルに扱うことによって、組織は「戦略の不条理」に陥ることなく、変化する環境に柔軟に適応できるのです。

（4）クリティカル・マネージング・フロー

フローとしての企業観

　さて、近年ナレッジマネジメントの創始者である野中郁次郎教授は、企業とは生き生きと活動する存在であり、様々な活動の「フロー（流れ）」そのものとして見なすことができるという、「フローとしての企業」という興味深い概念を打ち出しています。そして、その流れをコントロールすることが重要だとして、「マネージングフロー」という概念を提唱しています。

とくに、フローとは真実や善に漸進的に接近しようとする模索過程であり、何よりも自らの認識と真実との乖離をできるだけ縮小しようとするプロセスだと述べています。そして、その乖離を縮小するために必要なのが、アリストテレスの言う「フロネシス」、つまり善悪を判断でき、善の方向へと導く「賢慮」だというのです。より正確に言えば、フロネシスとは個別で具体的な場面のなかで、全体の善のために意思決定し行動すべき最善の振る舞い方を見出す能力のことです。

このような野中教授のフローとしての企業観に従えば、ここで提案しているCGSにもとづいて生き残ろうとする組織もフローとしての組織であり、常にこの流れの中にあります。逆に言えば、止まっていることが異常であるような組織のことを意味します。

CGSのクリティカル・マネージング・フロー

では、CGSに従う組織をどのようにしてフローとしてマネージメントできるのでしょうか。それは仮説的で暫定的なＣＧＳと三つの実在世界との乖離を、批判を通して絶えず縮小しようとする流れをつくることであり、その流れを生み出す原動力となるのが野中教授の言うフロネシス（賢慮）、つまり「組織的でクリティカルな議論」になります。

　こうした議論は、どこまでが正しくどこまでが正しくないのかを確定する人間の理性的な活動であり、まさに善悪を判断する能力としてのフロネシスに近いものかもしれません。ポパー流にいえば、クリティカル（批判的）というのは合理性的、つまり人間理性に適合するという意味です。そして、ポパーは自分の思想的立場を批判的合理主義（Critical Rationalism）と呼んでいます。

　このような合理性的な批判にもとづくＣＧＳのマネージング・フローとは、以下のような一連の流れとして説明することができます。

　①まず、組織のリーダーあるいは組織のメンバーが、生存のために物理的世界、心理的世界、知識的世界といった三つの世界に対応するＣＧＳ１を暫定的に提案するものとしましょう。しかし、このＣＧＳ１は限定合理的な人間がつくりだしたものであり、不完全なものなので、決して真なるものではありません。それは仮説的なものにすぎず、変化する三つの世界に十分に対応できていない可能性があります。

②そこで、提案されたＣＧＳ１は常に組織内でクリティカルに扱われ、誤りを見つけてそれを排除する（Error Elimination：ＥＥ）必要があります。たとえば、まず戦略を具体的に実行する前に、その戦略構想に論理的矛盾が内在しているのかどうかをクリティカルに検討します。

③ここで、もし提案されたＣＧＳ１をめぐり、事前にクリティカルに議論をした結果、論理的矛盾が見いだせなかったならば、ＣＧＳ１は真理ということではなく、いまだ否定する合理的理由がないという理由で、メンバーはそれに従って行動することになります。しかし、それを実行した結果、事後的に物理的世界との間に起こる経験的な矛盾が発見された場合、その矛盾をメンバーが共有するならば、それは新しい問題（Ｐ１）として認識されることになります。

④この問題（Ｐ１）は自律的な組織のメンバーたちによって理解され、その矛盾をなんとか排除するような努力がなされなければなりません。そうでないと、矛盾を抱えた組織は世界に適応できず生存できないからです。この矛盾としての問題（Ｐ１）を排除するということは、矛盾を解決するための新しいＣＧＳ２を提案することを意味します。それは、リーダーによってなされるかもしれませんし、その他のメンバーたちによってなされるかもしれません。しかし、新しく提案されたＣＧＳ２もまた決して完全なものではありませ

ん。それゆえ、それは組織内で再びクリティカルな議論に晒されることになり、同じフローをたどることになるのです。

前進的問題移動と退化的問題移動

以上のようなクリティカルなフローとしての組織を図式化すると、図表４のようなイメージとなります。このようなフローを通して、三つの実在世界により適合するようなＣＧＳが展開されることになるわけです。

そして、もしこのフローの中で前の問題（Ｐ１）と後の問題（Ｐ２）が異なっているならば、それは組織が変化したことを意味し、しかもいままで知らなかった問題に組織が対峙したという意味で、その組織は進化したと言えるでしょう。また、それは流れるように戦略的経営が展開されたということであり、マネージング・フローが実践されたということです。

これに対して、問題（Ｐ１）と問題（Ｐ２）が同じ場合には、組織に変化がなかったことになりますが、環境が絶えず変化している可能性があることを考慮すると、その組織は退化したことになります。このとき、組織は「戦略の不条理」に陥っている可能性があり、淘汰の危機に晒されていることになります。

図表4　CGSのクリティカル・マネージング・フロー

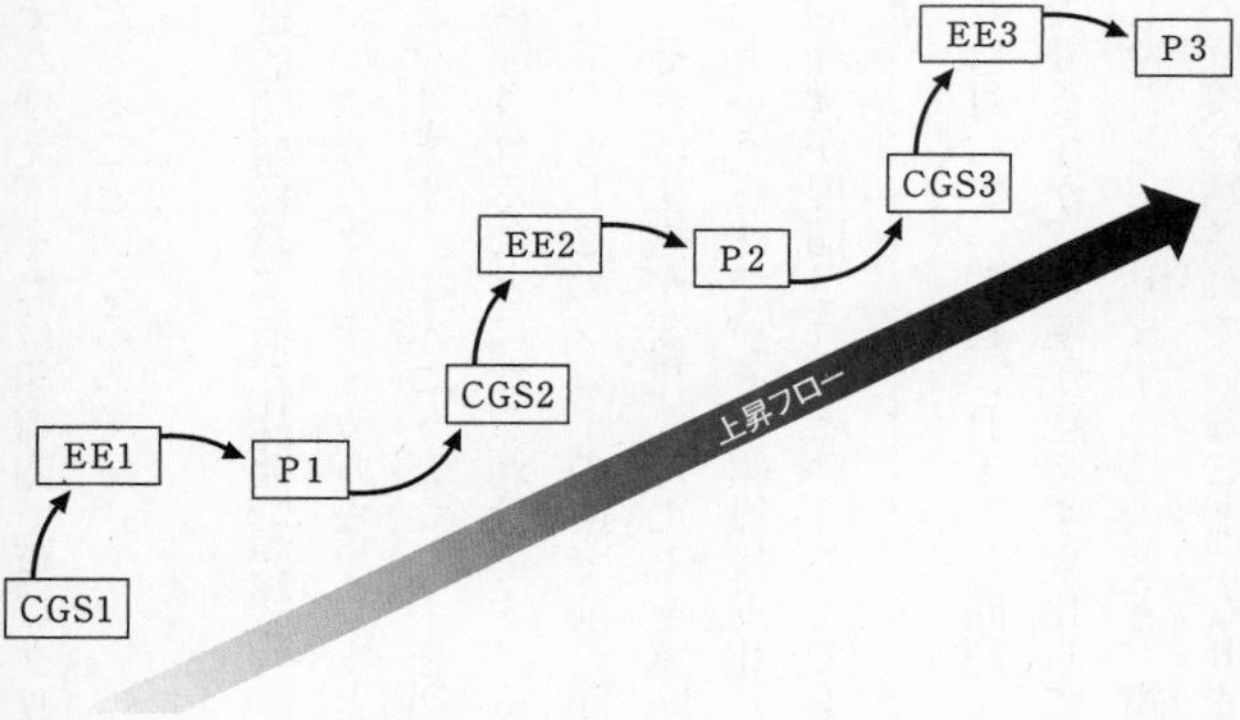

P=問題（矛盾）　EE=誤り排除　CGS=キュービック・グランド・ストラテジー

以上のようなフローとしての組織をクリティカルにマネージメントすること、つまりクリティカル・マネージング・フローを通して組織の生存確率は高まることになるのです。そして、このようなフローの経営哲学こそ、かつて精神主義を重視してきた日本人や日本の組織・企業が受け継ぐべき戦略の哲学だと思います。

あとがき

日本では、これまで軍事戦略論と経営戦略論は互いにまったく関係がないかのように扱われてきました。実際、経営戦略を研究している人は、軍事戦略の本をあまり読みません。他方、軍事戦略の専門家も経営戦略の本などはほとんど読んでいないと思います。このような現状を奇妙に思っている人は、私を含めて意外に多いのではないでしょうか。

理由はいくつかあると思います。日本が先の戦争に負けたために、戦後、日本の元軍人が民間企業で働き始めたとき、戦争を連想させるような用語を民間では一切使わないようにしようという暗黙の了解があったのかもしれません。

一方、私が一〇年ほど前に防衛大学校の教官として勤務していたとき、そこにはいまだ官民思想が根強く残っていました。民間よりも官の方が上、民間の学問である経営学から学ぶことはない、官の学問である行政学や政治学で十分だという雰囲気があったのです。

むしろ、経営学などを学ぶから任官を拒否する学生が増えるのだという感じすらありました。こうして、ナレッジマネジメントの創始者である野中郁次郎先生がかつて所属し、そして私もまた所属していた防衛大学校社会科学教室管理学科（ここで経営学を教えていたのですが）は、防衛大から消えてしまいました。

しかし、私が米国の広報・文化交流庁であるアメリカンセンターのお誘いで、米国国防省の研究教育機関を視察させていただいたとき、米国の状況はまったく違っていました。米国の軍事エリートが集まるワシントンＤＣの国防大学には、ハーバード大学をはじめ有名ビジネス・スクールからたくさんの先生が教えにきていました。また、若手の優秀な軍人も、ハーバード大学、ノースウエスタン大学、スタンフォード大学などの有名ビジネス・スクールでＭＢＡを取るケースが多いと言っていました。そこでは、軍事と経営学の間に、それほど深い溝はありませんでした。

こういった問題意識のもとに、これまで何とかして、これら二つの分野の戦略論の溝を埋めることはできないものか、そしてこの溝を埋めることによって何か新しい戦略論を展開することができないものかと思考を重ねてきました。

こうした状況で、今回、光文社新書編集部の森岡純一さんから、軍事戦略と経営戦略の融合をテーマに本を書きませんかというお話をいただいたとき、非常にうれしく、すぐに快諾しました。

しかし、その後、私が予想以上に学内外の雑用に追われてしまったため、結局、本書を書きあげるのになんと二年近くもかかってしまいました。また、なかなか良い知恵や新しいアイデアが生まれず、いたずらに時間だけが流れてしまいました。そして、苦しんで苦しみぬいた挙句、今回、何とか新しいアイデアに到達することができたのではないかと思っています。それについては、本書を読んでいただいた方には分かってもらえるのではないかと思います。

その間、遅々として研究が進まない私を忘れずに待っていただいた森岡さんには本当に感謝しております。また、森岡さんとともに最初から最後まで私をサポートしてくれた古川遊也さんにも感謝したいと思います。古川さんは、私の分かりにくい文章を何度も読んでくれ、そして的確な指摘をたくさんしてくれたので、本書は非常に読みやすくなったと思います。

本書は、軍事と経営を結びつける拙著『組織は合理的に失敗する（組織の不条理）』（日経ビジネス人文庫）、『命令違反は組織を伸ばす』（光文社新書）に続く第三弾です。皆さんに、何らかのインパクトをもたらすことができれば幸いです。

菊澤研宗

二〇〇九年九月　三田山上にて

文庫版のあとがき——戦略経営論への応用

本書は、新書として二〇〇九年に出版され、比較的多くの読者に広く読んでいただきました。そして、多くのコメントもいただきました。その中で、気になったのは、企業の応用事例がないために、立体的大戦略つまりキュービック・グランド・ストラテジーの具体的なイメージがつかめないというコメントでした。そこで、この文庫版では補論として企業への応用事例をいくつか紹介してみたいと思います。

（1）ロート製薬の同時進行型キュービック・グランド・ストラテジー

漢方薬の業界は、クラシエ薬品とツムラが八〇%以上の圧倒的シェアを持っている業界であり、比較的変化の少ない安定した業界でした。

ところが、二〇〇七年、ロート製薬がこの比較的穏やかな市場に参入し、『和漢箋』シリーズ七種を発売し、大ヒットを収めました。年間三〇億以上の売り上げを達成し、業界に旋風を巻き起こしたのです。

そして、今日、この漢方薬ビジネスは、ロート製薬の主要な事業の一つにまで成長しています。この業界への参入の際に展開したロート製薬の戦略は、以下のようにまさに立体的大戦略つまりキュービック・グランド・ストラテジーだったといえるでしょう。

物理的世界へのアプローチ

まず、物理的世界へのアプローチとして、ロート製薬が展開したのは、いわゆるＭ・ポーターのコスト・リーダーシップ戦略でした。もともと漢方薬品は高いイメージがあり、事実、高価な薬が多くありました。ところが、ロート製薬は、既存の製薬技術を応用して、生産コストを大幅に下げ、漢方薬品の価格も下げることに成功したのです。

しかも、顧客ができるだけ手に取りやすいように、パウチ（小袋）タイプを作成し、容量も一週間分サイズで、一〇〇〇円から二〇〇〇円程度で購入できるように試みました。つまり、「お試し」という形でも購入しやすいような工夫をこらしたわけです。

さらに、薬の効果を十分に引き出すために、エキスの抽出方法にこだわりました。ロート防風通聖散錠にはいっている、マオウの脂肪燃焼パワーがアップするような抽出法に変えています。また、血流をよくする力を高めるために、ロート十全大補湯錠に含まれるジオウを熟ジオウにしたりして、原材料の質にもとことんこだわったのです。

心理的世界へのアプローチ

しかし、ロート製薬の戦略は、このような物理的世界への直接アプローチだけに留まりませんでした。顧客の心理的世界へのアプローチも実に巧妙に展開しました。ロート製薬は、テレビ広告を利用して間接的に消費者の心理に迫ったのです。ロート製薬がテレビ広告を展開するまでは、ほとんどの人々はメタボリックシンドローム（略してメタボ）という用語や言葉を知らなかったと思います。それは、内臓肥満に高血圧・高血糖・脂質代謝異常が組み合わさることにより、心臓病や脳卒中などになりやすい病態のことです。

ところが、ロート製薬のテレビＣＭを通して、効果的にこのメタボ問題が宣伝されたために、当時、多くの中年以上の人たちは、図表1のように心理的に、自分たちは思ったよりも不健康なのではないかというマイナスの心境に置かれたように思えます。

図表1より、もしわれわれが健康だと思っていると、漢方薬を飲んでより健康な気持ちになっても心理的満足はそれほど高まりません。逆に、漢方薬を飲んで効果がなければ心理的満足度は大きく下がるので、漢方薬を試そうとしないでしょう。ところが、メタボ問題を認識した後、自分たちが不健康なのではないかと思い始めると、図表1のように多く

図表1　メタボ認識前後

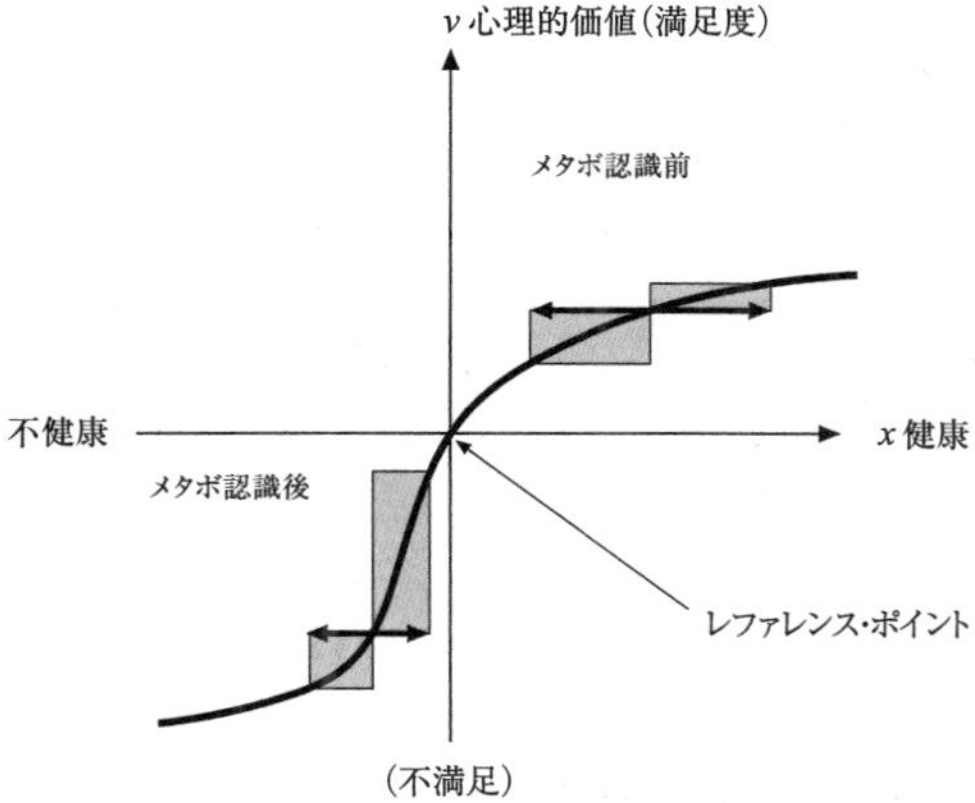

の人々がリスク愛好的な心境に陥り、漢方薬を試してみて効果がなくてもそれほど不満足は感じないが、少しでも健康になったと感じるならば、心理的な満足度は大きく高まるので、一度試してみようかという心境に導かれることになるわけです。

知識的世界へのアプローチ

しかし、ロート製薬の戦略は二つの世界へのアプローチに留まりませんでした。知識的世界へのアプローチも注目に値します。

漢方薬といえば、これまで「取っつきにくい」「なにに効くのか分かりづらい」などのイメージや観念がありました。しかも、大抵、薬局では、漢方薬はレジの奥にあり、顧客の手の届かない場所あるいはわかりにくい場所にありました。

しかし、西洋医学では対応しづらかった症状や、わざわざ病院に行くまでもないというような慢性的な悩みやストレス、更年期の症状などを抱えている消費者も多くいたのです。こうした状況で、商品仕様に関して、ロート製薬は大胆に商品の特長を大きくのせ、「この商品は自分に合っている」とチェックできるようなパッケージにしました。さらに、自社店舗ではできるだけ目立つ場所に置きました。つまり、顧客ができるだけ商品を手に取りやすくなるようにしました。それゆえ顧客にとって商品購入に至る交渉・探索・取引コストが大きく節約されたのです。

以上のような、ロート製薬による物理的世界、心理的世界、そして知識的世界へ同時進行的にアプローチする立体的大戦略つまり同時進行型キュービック・グランド・ストラテジーによって、顧客はすぐに反応し、売り上げは急上昇しました。こうして、ロート製薬は、『和漢箋』シリーズ七種を大ヒットさせ、年間三〇億を売り上げたのです。

（2）アサヒビールの時間差単層型キュービック・グランド・ストラテジー

日本の酒類業界は、これまで比較的安定した業界であり、戦後、長く大きなイノベーションを経験してきませんでした。こうした状況で歴史的大成功を収めたのは、一九八七年にアサヒビールが発売したアサヒスーパードライです。その成功は偶然だったかもしれません。しかし、結果的にみてみると、以下のような流れで、戦略が展開されており、見事に立体的大戦略つまりキュービック・グランド・ストラテジーが展開されていたといえます。以下、このことを説明してみたいと思います。

物理的世界へのアプローチ

戦後、大日本麦酒はアサヒビールとサッポロビールに分割されました。以後、両社のライバル意識は非常に強く、一方が新しい動きを見せると、他方も必ず同じ行動をするという戦いが長く展開されていました。

たとえば、一方がある地域に支店を出せば、他方も同じ地域に支店を出すという具合だったのです。それは、合理的で効率的な競争行動というよりも、むしろ面子や感情的な戦いであり、不毛な泥仕合に近い争いだったといわれています。こうした非効率的な競争行動を両社がしているうちに、第三者としてキリンビールが急速に成長し、最終的にトップにのしあがるという結果になってしまったのです。

　このような状況で、原点に返って、もう一度「うまいビールとは何か」を追求しだしたのは、後にアサヒの逆転劇を演出した中條《なかじょう》高徳《たかのり》でした。彼は、キリン、サッポロ、宝酒造などのビール業界内の他社の技術者に会って、うまいビールとは何かを質問して回っていました。当時、アサヒビールは業績が悪く、同業他社の人々もアサヒに対して同情的であったため、業界内の敵であったにもかかわらず、関係者は会ってくれたのです。

　その結果、ビール業界のほとんどの人々が述べていたのは、ビールは生で飲むのが正しく、しかもそれがいちばんうまいということでした。しかも、当時、凋落気味のアサヒに対して、キリンやサッポロの経営陣から、「なぜアサヒがだめなのか」という点についてもアドバイスしてもらっていました。キリンビールの経営陣は、原料に金をおしまないほど原料にこだわる必要があると助言していました。また、サッポロビールの経営陣は、ビールは常にフレッシュであるべきだと助言していたのです。

　当時、ほとんどのビールは、加熱処理をしたラガービールでした。ろ過技術が不完全で、加熱しなければ完全な殺菌が難しく、商品の回転率が高い夏場にしか、生ビールは出回らなかったのです。

アサヒビールの中條氏は、ここに目をつけました。ろ過技術さえ確立できれば、生を主流にできるという考えです。よりおいしく、より優れた商品を作れば、売れるという物理的世界における直接アプローチ戦略です。当時のキリンビールは、業界第一の地位を安定的に確保していたために、あえて現状を変化させ、新たに生ビールを主流に育てるという発想はまったくなかったのです。

こうした状況で、アサヒはコクとキレのある生ビールを目指して行くことになります。そして、最終的に「アサヒ生ビール」そして「アサヒスーパードライ」へと発展することになります。これがアサヒの物理的世界への戦略アプローチの始まりでした。

心理的世界へのアプローチ

しかし、中條氏は単においしい生ビールを製造し、それをそのまま市場で販売すれば、売れるとは思っていませんでした。さらに、心理的世界への戦略アプローチも展開しました。消費者を「ラガービール」から「生ビール」へと移動させるためには、心理的世界へのアプローチが必要だったのです。

ビールは、生がおいしいということを消費者に知らせるためには、まずは消費者に一度

図表2　スタイニー前後のラガービール評価

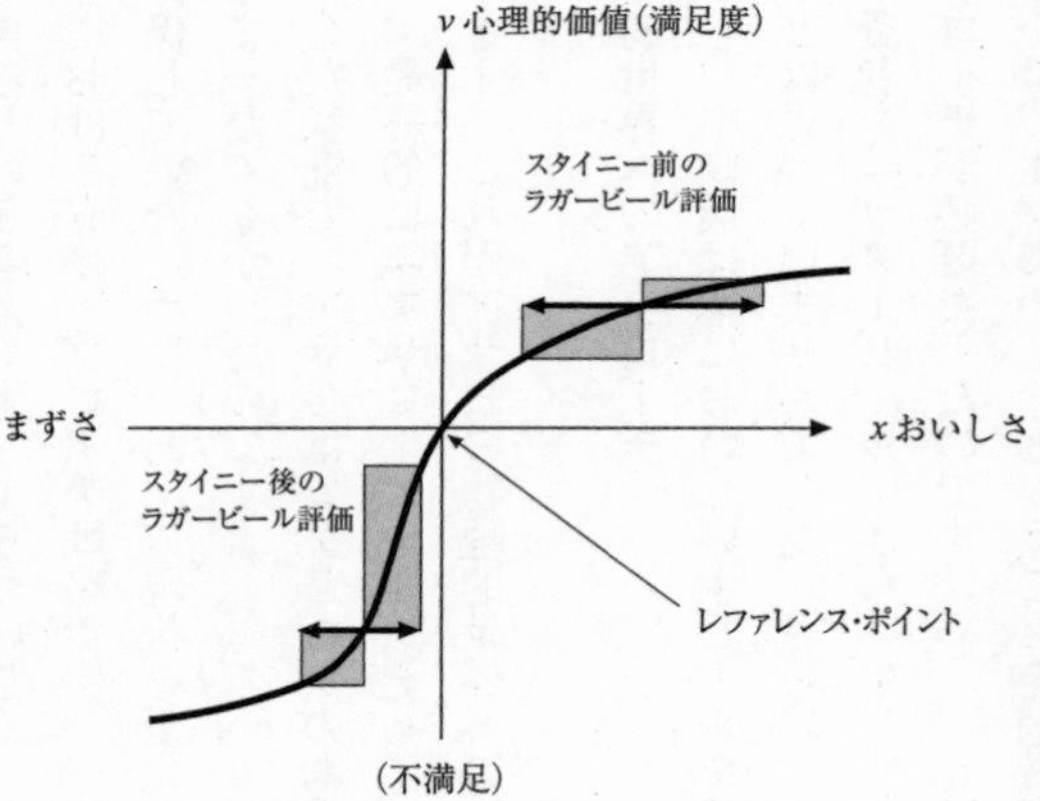

生ビールを手にとってもらって飲んでもらう必要がありました。そして、そのために、彼は容器の物珍しさを利用しようとしました。

そして、一度でも飲んでもらえば、きっと消費者は生ビールをおいしいと思うはずだという自信がありました。消費者がビールを飲んでみるとうまい、そしてそのラベルをみると、アサヒだったというストーリーを実現させるために、中條は珍しい容器「スタイニー」にかけました。そして、予想通り、「スタイニー」は大ヒットしました。

この容器戦略を通して、図表2のようにこれまでラガービールをおいしいと評価していた顧客を変化させ、生ビールのおいしさを知らずにラガービールをおいしいと思っていた消費者が実はおいしくないビールを飲んでいたのではないかと認識させることに大きな効果をもたらしました。つまり、顧客を図表2の横軸のプラスの位置からマイナスの位置へと移動させたのです。

このような顧客の心理状態では、図表2のように、新たにスタイニーの容器に入った生ビールを飲んで、たとえ思ったほどおいしくなくても、それほど心理的不満足は感じられず、逆に少しでもおいしいと感じると大幅に心理的満足が増加する心理状態になっていたのです。こうして、消費者の心理状態をラガービールから生ビールへと移動させやすくしたといえます。まさに、スタイニーという斬新な容器の導入を通して、消費者の心理的世界への間接アプローチが成功的に展開されていたのです。

知識的世界へのアプローチ

そして、樋口広太郎氏がアサヒビールの顧問に就任すると、さらに新しい戦略アプローチが展開されることになります。従来の販売方法は徐々に古いビールを売り減らし、徐々に新ビールを浸透させて行く方法でした。

しかし、樋口は、一方で新商品を発売し、ぜひ生ビールを飲んでくださいといいながら、他方で旧ラベルの古いビールも販売するというやり方は基本的に間違っていると判断しました。ビールは時間が経てば酸化し、味が落ちる。それゆえ、樋口は旧ラベルのついた古いビールの回収を命令したのです。

当時、この命令は、経費がかかりすぎるということで、多くの人々に反対されました。アルコールを含むビールは無害化処理が必要なため、当時、アサヒの経常利益が一五億程度であった時期に、一八億の費用がかかるという状況だったのです。さらに、三ヶ月以上経ったビールの回収もはじめました。

これは物理的世界の観点からすると、大きなコストであり、大きな損失でした。しかし、まずいビールを放置しておけば、消費者間にアサヒビールは「まずい」という知識的世界3上で悪しき固定観念が形成されてしまいます。当時、すでにそのような固定観念が形成されつつあった可能性も十分あります。この知識的世界3の固定観念を崩壊させることなくして、いくらおいしい生ビールを製造しても売れないでしょう。この場合、消費者との取引コストも非常に高くなってしまうのです。

こうして、たとえ会計上の見えるコストが増加しても、この知識的世界3の固定観念を取り除き、取引コストを節約して、本当の味を知ってもらうために、徹底した損切りを進めていったのです。

これは、一見、馬鹿げた、非効率的な戦略にみえますが、実はマイナスを生み出す知識的世界3の固定観念を破壊し、消費者との取引コストを大幅に節約する有効な戦略アプローチだったのです。

　さらに、物理的世界での生ビールの味を守るために、欠かせない原料をめぐっても問題がありました。ビールの味を決定する重要な要素は、ホップでした。最高級の品質のものは、ドイツのハラタウ地方やチェコのザーツ地方産のもので、それらはクアーズやミラーといった世界最大手が大量に買い付け、アサヒが安定して買い付けるには、当時、交渉・取引コストが高かったのです。この取引コストを節約し、安定した良質のホップを確保するために、樋口は製造者ごと抱えるという大胆な契約を通して、取引コストを節約しました。

　こうした時間差単層型立体的大戦略のもとで発売されたのが、一九八七年のスーパードライだったのです。最高の原料と、キレとコクを備えた最高のビール、しかも古いビールは店頭にはない最高のビールが登場したわけです。スーパードライはあっという間に市場を席巻し、あまりの売れ行きに、社員はスーパードライを飲むなと禁止命令がくだったほどでした。

　以上のように、アサヒビールのスーパードライによる空前の勝利の背後には、当事者たちにとっては全く偶然の産物であったかもしれませんが、結果的に分析してみると、三つの実在世界を対象とする多元的アプローチを組み合わせた見事な時間差単層型立体的大戦略つまりキュービック・グランド・ストラテジーが展開されていたのです。

(3) ソニーに求められていた時間差重層型キュービック・グランド・ストラテジー

今日、デジタルオーディオプレーヤーはすでに役割を終え、過去の製品となってしまいました。しかし、この製品をめぐるアップルとソニーの戦いから、いまでも多くの教訓をえることができます。

デジタルオーディオプレーヤーとは、フラッシュメモリや小型ハードディスクなどの記録媒体を使って、楽曲を電子的に記録・再生する携帯機器の総称です。この商品が登場したのは、一九九八年でした。当時、PCが急速に普及し、PCユーザーが楽曲をCDから吸い上げてPCに保存するようになった時期でもあり、デジタル情報として音楽ファイルを取り扱うネット環境が整ったときでした。

発売当初、デジタルオーディオプレーヤーの記録容量は小さく、保存できる楽曲数も限定されていました。そのため、頻繁に曲の入れ替えが必要でした。しかも、操作に手間がかかり、入れ替え時の転送速度も遅く、使いにくい製品でした。

　そのため、当初、デジタルオーディオプレーヤーは、デジタル製品好きのユーザーのためのニッチ商品として位置づけられていました。それにもかかわらず、構造が簡単で部品さえ調達できればコストをかけずに製造できたため、多くの企業がこの市場に参入したのです。

アップルとソニーの戦い

　こうした状況で、二〇〇一年末、アップル社がiPodを発売すると、マーケットは大きく変化しました。iPodは記憶容量の大きなＨＤＤを採用し、多くの楽曲をコンパクトな機器の中に保存できました。こうして、iPodは市場を急速に拡大し、マーケットリーダーへと躍り出たのです。

　さらに、デジタルオーディオプレーヤー市場は、音楽配信という楽曲の提供スタイルによって大きく変化しました。音源から音楽ファイルを獲得するには、これまでＣＤからＰＣへのリッピングが中心でした。ところが、二〇〇三年にアップル、そして二〇〇四年にソニーは、ウェブ上のミュージックショップを通して音楽配信サービスを開始し、ユーザーは一曲単位で購入することが可能になりました。このように楽曲の保存技術、記憶媒体の大容量化、そして通信技術の進歩に後押しされて、市場は大きく拡大しました。

こうした状況で、ソニーとアップルの差は歴然としていました。ソニーのウォークマンは二〇〇四年度に八五万台、二〇〇六年度五五〇万台を売り上げるにとどまっていました。これに対して、iPod は二〇〇一年の発売以降、順調に販売台数を伸ばし、二〇〇四年末に累計一〇〇〇万台を超え、二〇〇六年の一年間の販売台数は四六四三万台に上っていました。二〇〇六年上期のマーケットシェアでも、例えば北米市場では、iPod がマーケットの七〇%以上を占め、日本でも六〇%前後のシェアを維持していました。これに対して、ウォークマンは北米では一〇%を割っており、日本でも二〇%程度を占めるにとどまっていました。したがって、デジタルオーディオプレーヤー市場は、完全に iPod の一人勝ち状態でした。

このような状況で、ソニーは新たな戦略を展開していました。ソニーの戦略は、プレーヤーの音質や再生時間を追求し、機器のコンパクト化を図るなど、従来からの強みを積極的に進める物理的世界へのアプローチでした。こうして、さまざまな挑戦的な試みがソニーによって展開されましたが、アップル社の牙城を崩すことはできませんでした。なぜでしょうか。その理由を、キュービック・グランド・ストラテジーの観点から分析してみたいと思います。

知識的世界上の取引コスト問題

ソニーは、基本的に物理的世界への直接アプローチとして、ウォークマンの性能を高めることに集中していました。しかし、これによってユーザーをソニーに引き寄せることは難しかったのです。というのも、ユーザーがiPodからウォークマンへと移行する場合、ユーザーには知識的世界の住人である様々なデメリットが発生してくるからです。

例えば、すでに保存してある楽曲をすべて移動させる必要があるでしょう。また、これまでの慣れた操作から新しい別の操作に慣れる必要があるでしょう。このように、すでに慣れ親しんでいるiPodからウォークマンに移行する場合、ユーザーにとって様々な移行コスト・取引コストが発生するのです。この取引コストがあまりにも大きい場合、ユーザーは、多少、物理的に性能が悪くても現状を維持しようとするでしょう。

この同じ現象が、たとえば携帯電話会社を変更するときに起こりました。たとえ別の携帯電話会社の提供するサービスやコンテンツが優れていたとしても、ユーザーにとっては現在の携帯電話会社から別の会社に移行するには、多大な取引コストが発生するのです。その取引コストがあまりにも大きい場合、たとえ他社の携帯電話のハードやソフトが優れていたとしても、ユーザーは現状を維持しようとします。

このように、ユーザーを移動させることは非常に難しいのです。したがって、ソニーは、物理的世界へのアプローチのみならず、重層的に知識的世界の住人である取引コストを節約するような何らかの戦略アプローチも展開する必要がありました。

心理的世界上の現状維持バイアス問題

しかし、問題はそれだけではありません。行動経済学によると、人間には心理的バイアスがあり、これが移行を阻止することになります。人間の心理的バイアスを描き出すプロスペクト理論の価値関数を用いると、なぜ機能的に優れたウォークマンが出現しても、ユーザーは買い替えないで、現状の iPod に留まるのかを説明できるのです。

プロスペクト理論の価値関数によると、このようなユーザーの行動は決して非合理な行動ではありません。図表3のように、もし iPod のユーザーがある程度現状にメリットを感じているならば、つまり図表3の横軸のプラスの状態にいるならば、ウォークマンに買い替えてさらにより多くのメリットを感じても、それほど縦軸の心理的満足度は高まりません。逆に、買い替えてメリットをあまり感じられない場合、心理的満足は大きく低下します。それゆえ、このような状態ではユーザーはリスク回避的となり、あえて買い替えようとはしないでしょう。

図表3　価値関数と現状維持効果

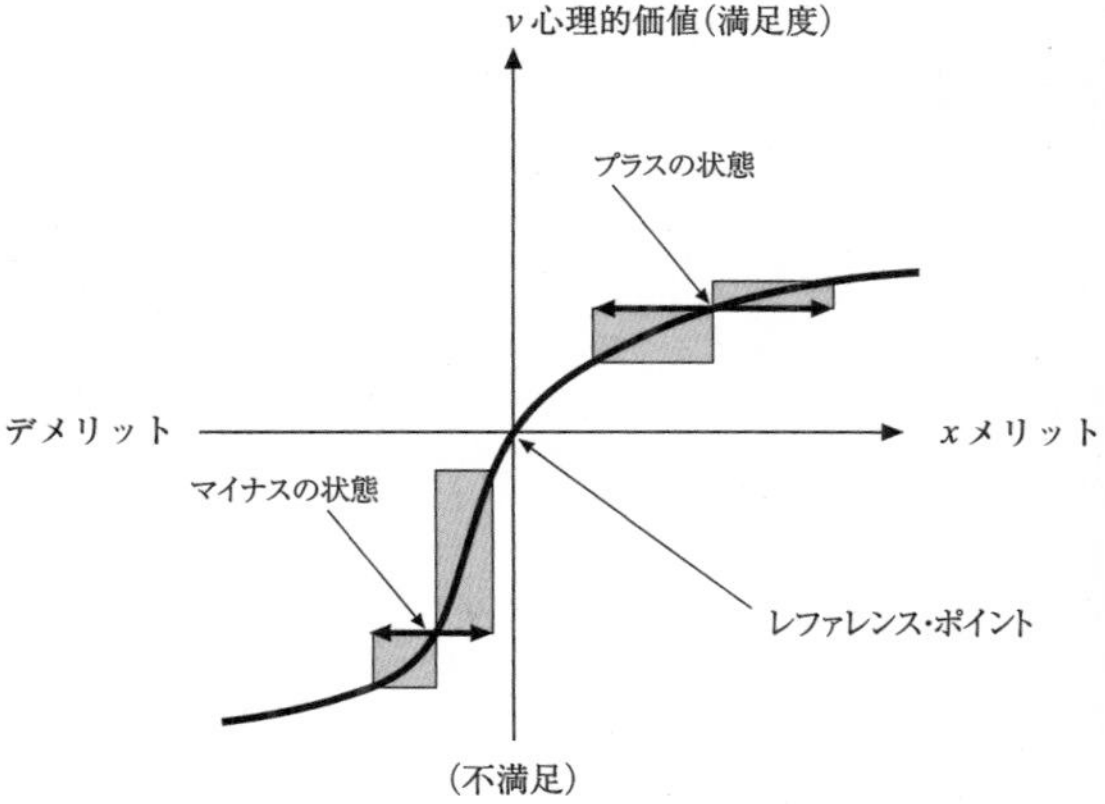

これに対して、もしiPodのユーザーが現状にデメリットを感じているならば、それゆえ横軸のマイナス状態にいるならば、ウォークマンに買い替えてデメリットを感じても、ユーザーの心理的価値はそれほど下がりません。逆に、iPodのユーザーがウォークマンに買い替えて、少しでもメリットを感じるならば、ユーザーの心理的価値は急速に高まることになります。この場合、たとえリスクが高くても、ユーザーにとって買い替える方が合理的となります。つまり、ユーザーはリスク愛好的となるのです。

以上のことから、iPodに関してユーザーが現状にある程度メリットを得ているならば、たとえソニーが技術的に優れたウォークマンを販売し、ユーザーの物理的世界へ直接アプローチしても、ユーザーはウォークマンに移行しないでしょう。このようなユーザーの行動は、一見、非合理的に見えますが、実は経済心理学的には合理的なのです。

したがって、ユーザーをウォークマンへと移行させるには、何よりも、iPodのユーザーが現状にデメリットを感じるような心理的世界への間接アプローチ戦略を展開する必要があります。

以上のように、ソニーがアップルを逆転するには、物理的世界への直接アプローチ戦略として技術的機能を高めるだけでは不十分だったといえます。何よりも、ユーザーにのしかかる知識的世界の住人である「取引コスト」を節約するようなアプローチも重層的に必要だったのです。さらに、ユーザーの心理的世界上のバイアスも考慮したアプローチもまた重層的に必要だったのです。

このように、ソニーは直接的アプローチ戦略だけではなく、間接アプローチをも駆使するような時間差重層的な立体的大戦略すなわちキュービック・グランド・ストラテジーをとる必要があったのです。つまり、物理的世界への素朴な直接アプローチ戦略だけでは不十分だったのです。

以上、本書で展開した立体的大戦略つまりキュービック・グランド・ストラテジーは、おそらく企業経営にも応用できるのであり、さらに国家政策にも応用できると思われます。たとえば、日本人はいまだ投資よりも貯蓄率が高く、この状態を変化させて投資に向かわせようとする場合、どうすればいいのか。この問題を解くために、ここで展開された立体的大戦略つまりキュービック・グランド・ストラテジーが有効になると思われます。これについては、読者のみなさんに思考実験していただきたいと思います。

最後に、本書の文庫化そして編集をめぐって、中央公論新社の三浦由香子さんには、大変、お世話になりました。心から感謝します。

二〇二二年九月　三田山上にて

菊澤研宗

参考文献

和文献

浅野裕一（1997）『孫子』講談社学術文庫

浅野裕一（1993）『「孫子」を読む』講談社現代新書

アーヴィング（1984）『狐の足跡——ロンメル将軍の実像　上・下』小城正訳　早川書房

石津朋之（編著）（2002）『戦略論大系（4）——リデルハート』芙蓉書房出版

石津朋之（2008）『リデルハートとリベラルな戦争観』中央公論新社

学習研究社（2008）『第2次大戦欧州戦史シリーズ　北アフリカ戦線』

川村康之（編著）（2001）『戦略論大系（2）——クラウゼヴィッツ』芙蓉書房出版

カント（1974）『啓蒙とは何か』篠田英雄訳　岩波文庫

カント（1979）『実践理性批判』篠田英雄・波多野精一・宮本和吉訳　岩波文庫

カント（1960）『道徳形而上学原論』篠田英雄訳　岩波文庫

菊澤研宗（2000）『組織の不条理——なぜ企業は日本陸軍の轍を踏みつづけるのか』ダイヤモンド社

菊澤研宗（2005）「クラウゼヴィッツか　リデル・ハートか」『ダイヤモンド・ハーバード・ビジネス・レビュー』4月号：八二-九五頁

菊澤研宗（2006）「リーダーの心理会計」『ダイヤモンド・ハーバード・ビジネス・レビュー』2月号：九四－一〇八頁

菊澤研宗（2007）『「命令違反」が組織を伸ばす』光文社新書

菊澤研宗（2008）『戦略学――立体的戦略の原理』ダイヤモンド社

菊澤研宗（2009）『組織は合理的に失敗する――日本陸軍に学ぶ不条理のメカニズム』日経ビジネス人文庫

クラウゼヴィッツ（2008）『クラウゼヴィッツのナポレオン戦争従軍記』金森誠也訳　ビイング・ネット・プレス

是本信義（2009）『経済大国カルタゴ滅亡史』光人社

塩野七生（2002）『痛快！ローマ学』集英社インターナショナル

島崎晋（2006）『目からウロコの孫子の兵法』ＰＨＰ研究所

シュミット（1971）『砂漠のキツネ　ロンメル将軍』清水政二訳　角川文庫

新人物往来社（2009）『皇帝ナポレオンのすべて』別冊歴史読本　新人物往来社

杉之尾宜生（2001）『戦略論大系（1）孫子』芙蓉書房出版

多田洋介（2003）『行動経済学入門』日本経済新聞社

友野典男（2006）『行動経済学――経済は「感情」で動いている』光文社新書

野中郁次郎・平田透・遠山亮子（2007）「〝流れ〟を経営する―知識ベース企業のプロセス理論序説」『一橋ビジネスレビュー（WIN）』八四－九六頁

前原透（監修）（2003）『戦略思想家事典』芙蓉書房出版

町田三郎訳（2001）『孫子』中公文庫
松村劭（2006）『ナポレオン戦争全史』原書房
守屋淳（2007）『孫子・戦略・クラウゼヴィッツ』プレジデント社
モンタネッリ（1976）『ローマの歴史』藤沢道郎訳　中央公論社
山本七平（2005）『「孫子」の読み方』日経ビジネス人文庫
リーガン（2008）『「決戦」の世界史――歴史を動かした50の戦い』森本哲郎監修　原書房
リデル・ハート（1971）『ドキュメント　ロンメル戦記』小城正訳　読売新聞社
レンツ（1999）『ナポレオンの生涯』福井憲彦監修　遠藤ゆかり訳　創元社

英文献

Barney, J. B., (1991), "Firm Resources and Sustained Competitive Advantage.", *Journal of Management*, 17(1) : pp. 99－120.
Clausewitz, C. v.(1980), *Vom Kriege*, Philipp Reclam jun.（篠田英雄訳『戦争論』岩波文庫　上・中・下　一九六八年）
Coase, R. H.(1937), "The Nature of the Firm", *Economica*, 4(3): 386－405.
Coase, R. H.(1960), "The Problem of Social Cost", *Journal of Law and Economics*, 3(1): 1－44.
Collis, D. J. and Montgomery, C. A.(1998), *Corporate strategy : a resource-based approach*, McGraw-Hill.（根来龍之・蛭田啓・久保亮一訳『資源ベースの経営戦略論』東洋経済新報社　二〇〇四年）

David, P.(1985), "Clio and the Economics of QWERTY", *American Economic Review, Papers and Proceedings*, 75 : 332－337.

Douma, S. and Schreuder, H.(1991), *Economic Approaches to Organizations*, Prentice Hall International Ltd.（岡田和秀・渡部直樹・丹沢安治・菊澤研宗訳『組織の経済学入門』文眞堂　一九九四年）

Ghyczy, T. v., Oetinger, B. v. and Bassford, C.(2001), *Clausewitz on Strategy*, John Wiley & Sons.（ボストン・コンサルティング・グループ訳『クラウゼヴィッツの戦略思考――「戦争論」に学ぶリーダーシップと決断の本質』ダイヤモンド社　二〇〇二年）

Gilbert, X. and P. Strebel(1988). "Developing Competitive Advantage", in J. B. Quinn, H. Mintzberg and R. M. James(eds.), *The Strategy Process*, Englewood Cliffs, Prentice-Hall.

Kahneman, D. and Tversky, A.(1979), "Prospect theory : An analysis of decision under risk", *Econometrica* 47 : 263－291

Kim, W. C. and Mauborgne, R.(2005), *Blue Ocean Strategy*, Harvard Business School Press.（有賀裕子訳『ブルー・オーシャン戦略』ランダムハウス講談社　二〇〇五年）

Liddell Hart, B. H.(1991), *Strategy : Indirect Approach*, 2nd/Rev., Penguin.（森沢亀鶴訳『戦略論――間接アプローチ』原書房　一九八六年）

Popper, K. R.(1959), *The Logic of Scientific Discovery*, Hutchinson.（大内義一・森博訳『科学的発見の論理　上・下』恒星社厚生閣　一九七一－七二年）

Popper, K. R.(1965), *Conjectures and Refutations : The Growth of Scientific Knowledge*, Harper &

Row.（藤本隆志・森博・石垣壽郎訳『推測と反駁——科学的知識の発展』法政大学出版局　一九八〇年）

Popper, K. R.(1972), *Objective Knowledge : An Evolutionary Approach*, Clarendon Press.（森博訳『客観的知識——進化論的アプローチ』木鐸社　一九七四年）

Popper, K. R.(1982), *Unended quest : an intellectual autobiography*, Open Court publishing company.（森博訳『果てしなき探求——知的自伝』岩波書店　一九七八年）

Thaler, R. H.(1980), "Toward a positive theory of consumer choice", *Journal of Economic Behavior Organization*, 1 : 39 – 60.

Thaler, R. H.(1985), "Mental accounting and consumer choice", *Marketing Science* 4 : 199 – 214.

Porter, M. E.(1998), *Competitive Strategy : Techniques for Analyzing Industries and Competitors*, Simon & Schuster.

Prahalad, C. K. and Hamel, G.(1990),"The Core Competence of the Corporation", *Harvard Business Review*, 68(3):79 – 91.

Rumelt, R. P.(1987), "Theory, Strategy, and Entrepreneurship", in : *The Competitive Challenge*, D. J. Teece, ed., Ballinger, : 137 – 158.

Wernerfelt, B.(1984), "A Resource - Based View of the Firm", *Strategic Management Journal*, 5 : 171 – 180.

Williamson, O.(1975), *Markets and Hierarchies : Analysis and Antitrust Implications*, Free Press.（浅沼萬里・岩崎晃訳『市場と企業組織』日本評論社　一九八〇年）

Williamson, O.(1985), *The Economic Institutions of Capitalism : Firms, Markets, Relational Contracting*, Free Press.
Williamson, O.(1996), *The Mechanisms of Governance*, Oxford University Press.

『戦略の不条理　なぜ合理的な行動は失敗するのか』二〇〇九年　光文社新書

中公文庫

戦略《せんりゃく》の不条《ふじょう》理《り》
——変化《へんか》の時代《じだい》を生《い》き抜《ぬ》くために

2022年12月25日　初版発行

著　者　菊《きく》澤《ざわ》研《けん》宗《しゅう》

発行者　安部順一

発行所　中央公論新社
〒100-8152　東京都千代田区大手町1-7-1
電話　販売 03-5299-1730　編集 03-5299-1890
URL https://www.chuko.co.jp/

ＤＴＰ　嵐下英治
印　刷　三晃印刷
製　本　小泉製本

Published by CHUOKORON-SHINSHA, INC.
Printed in Japan　ISBN978-4-12-207293-0 C1134

中公文庫既刊より

各書目の下段の数字はISBNコードです。978-4-12が省略してあります。

き-46-1
組織の不条理 日本軍の失敗に学ぶ
菊澤研宗

個人は優秀なのに、組織としてはなぜ不条理な事をやってしまうのか？ 日本軍の戦略を新たな経済学理論で分析、現代日本にも見られる病理を追究する。

206391-4

き-46-2
命令の不条理 逆らう部下が組織を伸ばす
菊澤研宗

日本の組織に必要なのは、勇気ある部下の「命令違反」と、それを許容するマネージメントだった！ 『組織の不条理』への解答篇。『「命令違反」が組織を伸ばす』改題。

720円
207280-0

と-18-1
失敗の本質 日本軍の組織論的研究
戸部良一／寺本義也／鎌田伸一／杉之尾孝生／村井友秀／野中郁次郎

大東亜戦争での諸作戦の失敗を、組織としての日本軍の失敗ととらえ直し、これを現代の組織一般にとっての教訓とした戦史の初めての社会科学的分析。

201833-4

さ-85-1
組織の盛衰 決定版
堺屋太一

日本史における巨大組織の盛衰から、組織の「死に至る病」を検証し、未来への処方箋を提案する。二十年以上にわたる組織論研究の集大成に、著者解説を付した決定版。

207217-6

な-68-1
新編 現代と戦略
永井陽之助

戦後日本の経済重視・軽武装路線を「吉田ドクトリン」と定義づけた国家戦略論の名著。岡崎久彦との対論を併録。文藝春秋読者賞受賞。〈解説〉中本義彦

206337-2

な-68-2
歴史と戦略
永井陽之助

クラウゼヴィッツを中心にした戦略論入門に始まり、愚行の葬列である戦史に「失敗の教訓」を探る。『現代と戦略』第二部にインタビューを加えた再編集版。

206338-9

あ-89-1
海軍基本戦術
秋山真之
戸高一成 編

丁字戦法、乙字戦法の全容が明らかに！ 日本海海戦を勝利に導いた名参謀による幻の戦術論が甦る。本巻は同海戦の戦例を引いた最も名高い戦術論を収録。

206764-6

あ-89-2
海軍応用戦術／海軍戦務
秋山真之
戸高一成 編
海軍の近代化の基礎を築いた名参謀による組織論。巨大組織を効率的に運用するためのマニュアルが明らかに。前巻に続き「応用戦術」の他「海軍戦務」を収録。
206776-9

い-10-2
外交官の一生
石射猪太郎
日中戦争勃発時、東亜局長として軍部の専横に抗し、戦争終結への道を求め続けた著者が自らの日記をもとに綴った第一級の外交記録。〈解説〉加藤陽子
206160-6

い-13-5
生きている兵隊（伏字復元版）
石川達三
戦時の兵士のすがたと心理を生々しく描き、そのリアリティ故に伏字とされ発表された、戦争文学の傑作。伏字部分に傍線をつけた、完全復刻版。
203457-0

い-61-2
最終戦争論
石原莞爾
戦争術発達の極点に絶対平和が到来する。戦史研究と日蓮信仰を背景にした石原莞爾の特異な予見は、日本を満州事変へと駆り立てた。〈解説〉松本健一
203898-1

い-61-3
戦争史大観
石原莞爾
使命感過多なナショナリストの魂と冷徹なリアリストの眼をもつ石原莞爾。真骨頂を示す軍事学論・戦争史観・思索史的自叙伝を収録。〈解説〉佐高 信
204013-7

い-65-2
軍国日本の興亡 日清戦争から日中戦争へ
猪木正道
日清・日露戦争に勝利した日本は軍国主義化し、国際的に孤立した。軍部の独走を許し国家の自爆に至った経緯を詳説する。著者の回想「軍国日本に生きる」を併録。
207013-4

い-108-4
天皇の影法師
猪瀬直樹
天皇崩御そして代替わり。その時何が起こるのか。天皇という日本独自のシステムを〈元号〉を突破口に徹底取材。著者の処女作、待望の復刊。〈解説〉網野善彦
205631-2

い-108-6
昭和16年夏の敗戦 新版
猪瀬直樹
日米開戦前、総力戦研究所の精鋭たちが出した結論は「日本必敗」。それでも開戦に至った過程を描き、日本的組織の構造的欠陥を衝く。〈巻末対談〉石破 茂
206892-6

各書目の下段の数字はISBNコードです。978－4－12が省略してあります。

い-108-7　昭和23年冬の暗号
猪瀬直樹
東條英機はなぜ未来の「天皇誕生日」に処刑されたのか。敗戦国日本の真実に迫る『昭和16年夏の敗戦』完結篇。新たに書き下ろし論考を収録。〈解説〉梯久美子
207074-5

い-131-1　真珠湾までの経緯　海軍軍務局大佐が語る開戦の真相
石川信吾
太平洋戦争へのシナリオを描いたとされる海軍軍人が語る日米開戦秘話。日独伊三国同盟を支持し対米強硬を貫いた背景を検証。初文庫化。〈解説〉戸髙一成
206795-0

い-134-1　リデルハート　戦略家の生涯とリベラルな戦争観
石津朋之
平和を欲するなら戦争を理解せよ。「間接アプローチ戦略」「西側流の戦争方法」など戦略論の礎を築いた二十世紀最大の戦略家、初の評伝。
206867-4

い-136-1　都鄙問答
石田梅岩
加藤周一訳・解説
ウェーバー、ドラッカーよりも二百年早い経営哲学。生産と流通の社会的役割を評価し、利益追求の正当性を説いた商人道の名著。起業家必読。
207056-1

お-2-11　ミンドロ島ふたたび
大岡昇平
自らの生と死との彷徨の跡。亡き戦友への追慕と鎮魂の情をこめて、詩情ゆたかに戦場の島を描く。『俘虜記』の舞台、ミンドロ、レイテへの旅。〈解説〉湯川　豊
206272-6

お-2-13　レイテ戦記（一）
大岡昇平
太平洋戦争の天王山・レイテ島での死闘を再現した戦記文学の金字塔。巻末に講演「『レイテ戦記』の意図」を付す。毎日芸術賞受賞。〈解説〉大江健三郎
206576-5

お-2-14　レイテ戦記（二）
大岡昇平
リモン峠で戦った第一師団の歩兵は、日本の歴史自身と戦っていたのである――インタビュー「『レイテ戦記』を語る」を収録。〈解説〉加賀乙彦
206580-2

お-2-15　レイテ戦記（三）
大岡昇平
マッカーサー大将がレイテ戦終結を宣言後も、徹底抗戦を続ける日本軍。大西巨人との対談「戦争・文学・人間」を巻末に新収録。〈解説〉菅野昭正
206595-6

お-2-16
レイテ戦記（四）
大岡　昇平
太平洋戦争最悪の戦場を鎮魂の祈りを込め描く著者渾身の巨篇。巻末に「連載後記」、エッセイ「『レイテ戦記』を直す」を新たに付す。〈解説〉加藤陽子
206610-6

お-19-2
岡田啓介回顧録
岡田　啓介
岡田貞寛 編
日清・日露戦争に従軍し、条約派として軍縮を推進、二・二六事件で襲撃され、戦争末期に和平工作に従事した海軍高官が語る大日本帝国の興亡。〈解説〉戸髙一成
206074-6

お-96-1
大野伴睦回想録
大野　伴睦
官僚出身エリート政治家と対決、保守合同や日韓国交正常化に尽力した破天荒な政治家（衆議院議長・自民党副総裁）の抱腹絶倒の一代記。〈解説〉御厨　貴
207042-4

か-80-1
兵器と戦術の世界史
金子　常規
古今東西の陸上戦の勝敗を決めた「兵器と戦術」の役割と発展を、豊富な図解・注解と詳細なデータにより検証する名著を初文庫化。〈解説〉惠谷　治
205857-6

か-80-2
兵器と戦術の日本史
金子　常規
古代から現代までの戦争を、殺傷力・移動力・防護力の三要素に分類して捉えた兵器の戦闘力と運用する戦術の観点から豊富な図解で分析。〈解説〉惠谷　治
205927-6

か-80-3
図解詳説　幕末・戊辰戦争
金子　常規
外国船との戦闘から長州征伐、鳥羽・伏見、奥羽・会津、五稜郭までの攻略陣形図を総覧、兵員・装備・軍制の観点から史上最大級の内乱を軍事学的に分析。
206388-4

さ-4-2
回顧七十年
斎藤　隆夫
陸軍を中心とする革新派が台頭する昭和十年代、「粛軍演説」等で「現状維持」を訴え、除名されても信念を曲げなかった議会政治家の自伝。〈解説〉伊藤　隆
206013-5

さ-49-3
ハンニバル戦争
佐藤　賢一
時は紀元前三世紀。広大な版図を誇ったローマ帝国の歴史の中で、史上最大の敵とされた男がいた。古代地中海を舞台とした壮大な物語が、今、幕を開ける！
206678-6

ク-6-1

戦争論（上）

クラウゼヴィッツ

清水多吉 訳

プロイセンの名参謀としてナポレオンを撃破した比類なき戦略家クラウゼヴィッツ。その思想の精華たる本書は、戦略・組織論の永遠のバイブルである。

203939-1

ク-6-2

戦争論（下）

クラウゼヴィッツ

清水多吉 訳

フリードリッヒ大王とナポレオンという二人の名将の戦史研究から戦争の本質を解明し体系的な理論化をなしとげた近代戦略思想の聖典。〈解説〉是本信義

203954-4

ク-7-1

補給戦　何が勝敗を決定するのか

M・v・クレフェルト

佐藤佐三郎 訳

ナポレオン戦争からノルマンディ上陸作戦までの戦争を「補給」の観点から分析。戦争の勝敗は補給によって決まることを明快に論じた名著。〈解説〉石津朋之

204690-0

サ-8-1

人民の戦争・人民の軍隊　ヴェトナム人民軍の戦略・戦術

グエン・ザップ

眞保潤一郎

三宅蕗子 訳

対仏インドシナ戦争勝利を決定づけたディエン・ビエン・フーの戦い。なぜベトナム人民軍は勝利できたのか。名指揮官が回顧する。〈解説〉古田元夫

206026-5

シ-10-1

戦争概論

ジョミニ

佐藤徳太郎 訳

19世紀を代表する戦略家として、クラウゼヴィッツと並び称されるフランスのジョミニ。ナポレオンに絶賛された名参謀による軍事戦略論のエッセンス。

203955-1

タ-10-1

諜報の技術　ＣＩＡ長官回顧録

アレン・ダレス

鹿島守之助 訳

兄の国務長官ジョンと冷戦外交を主導、スエズ動乱、朝鮮戦争、キューバ危機、U2事件から対KGB謀略戦の実態と情報機関の在り方を問う。〈解説〉有馬哲夫

207195-7

タ-11-1

戦争か平和か　国務長官回想録

ジョン・ダレス

大場正史 訳

対日講和に奔走しアイゼンハワー大統領下で冷戦外交を主導、ソ連・中国の脅威、安保理の機能不全のなか平和への策を提言。〈解説〉土田　宏

207252-7

ハ-12-1

改訂版　ヨーロッパ史における戦争

マイケル・ハワード

奥村房夫

奥村大作 訳

中世から現代にいたるまでのヨーロッパの戦争を、社会・経済・技術の発展との相関関係においても概観した名著の増補改訂版。〈解説〉石津朋之

205318-2

各書目の下段の数字はISBNコードです。978－4－12が省略してあります。

マ-2-4 君主論 新版
マキアヴェリ
池田 廉 訳
「人は結果だけで見る」「愛されるより恐れられるほうが安全」等の文句で、権謀術数の書のレッテルを貼られた著書の隠された真髄。〈解説〉佐藤 優
206546-8

マ-10-1 疫病と世界史（上）
W・H・マクニール
佐々木昭夫 訳
疫病は世界の文明の興亡にどのような影響を与えてきたのか。紀元前五〇〇年から紀元一二〇〇年まで、人類の歴史を大きく動かした感染症の流行を見る。
204954-3

マ-10-2 疫病と世界史（下）
W・H・マクニール
佐々木昭夫 訳
これまで歴史家が着目してこなかった「疫病」に焦点をあて、独自の史観で古代から現代までの歴史を見直す好著。紀元一二〇〇年以降の疫病と世界史。
204955-0

マ-10-3 世界史（上）
W・H・マクニール
増田義郎
佐々木昭夫 訳
世界の各地域を平等な目で眺め、相関関係を分析しながら歴史の歩みを独自の史観で描き出した、定評ある世界史。ユーラシアの文明誕生から紀元一五〇〇年までを彩る四大文明と周縁部。
204966-6

マ-10-4 世界史（下）
W・H・マクニール
増田義郎
佐々木昭夫 訳
俯瞰的な視座から世界の文明の流れをコンパクトにまとめ、歴史のダイナミズムを描き出した名著。西欧文明の興隆と変貌から、地球規模でのコスモポリタニズムまで。
204967-3

マ-10-5 戦争の世界史（上） 技術と軍隊と社会
W・H・マクニール
高橋 均 訳
軍事技術は人間社会にどのような影響を及ぼしてきたのか。大家が長年あたためてきた野心作。上巻は古代文明から仏革命と英産業革命が及ぼした影響まで。
205897-2

マ-10-6 戦争の世界史（下） 技術と軍隊と社会
W・H・マクニール
高橋 均 訳
軍事技術の発展はやがて制御しきれない破壊力を生み、人類は怯えながら軍備を競う。下巻は戦争の産業化から冷戦時代、現代の難局と未来を予測する結論まで。
205898-9

モ-5-4 ローマの歴史
I・モンタネッリ
藤沢道郎 訳
古代ローマの起源から終焉までを、キケロ、カエサル、ネロら多彩な人物像が人間臭い魅力を発揮するドラマとして描き切った、無類に面白い歴史読物。
202601-8